道友社文庫

教話録

信仰の炎

大正・昭和を生きた28人の先人の証言

道友社編

DOYUSHA BUNKO

道友社

目次

表紙絵・深谷忠夫

凡　例

一、本書は、明治二十四年（一八九一）以来発行されている『みちのとも』の記事の中から、主に教話を選び出し、単行本からの抜粋も含めて構成した。

二、配列は年代順とし、掲載された日付と、話された年月日を考慮して、古いものから順に並べた。

三、文字の表記は、旧字・旧仮名遣いを新字・現代仮名遣いに改めた。誤字と思われる文字は訂正し、現在、不適当と思われる表現には若干の修正を加えた部分もある。また、読みやすさを考慮して、句読点を適宜補った。表題についても、内容を考え、原題と違うものに変えたものがある。原題は文章の終わりに入れた。

四、天理教用語については、一部、原文の雰囲気を残すため、あえてそのままにした。たとえば、現在は「教祖《おやさま》」と統一されている表現も、「御教祖」「御教祖様」「親様」等となっており、「親神様」も一時「大神様」と称《とな》えていた時期があったが、そのままにし、（　）内に注をほどこした。原典等の引用については、原則として現行の『おふでさき』『おさしづ』『天理教教典』『稿本天理教教祖伝』等に準拠した。

五、収録した文章は、おおむね部分的抜粋である。全文ではないことを、あらかじめご了承いただきたい。

※本書は、昭和六十二年（一九八七年）に刊行された単行本を文庫化したものです。

教祖研究の態度

岩井尊人

一

教祖《きょうそ》御在世時代にあっては、教祖研究という観念や、あるいは教祖事跡の思索などはほとんどなかった。その後、すなわち教祖おかくれの明治二十年以後二十年間、明治四十年まで、天理《てんり》王命《おうのみこと》は引き続き御本席飯降翁《いぶりおう》に示現せられ得たが故に、たとえ「教祖という道」という用語がその時代に生まれ出たにもせよ、明らかに教祖研究だの、教祖に帰れだの、天理教祖の天理教だのというような劇《はげ》しい文字は、今日のように嘖々《さくさく》せられることは、その当時知られなかった。

ただし教祖おかくれにあって、教祖の道という文字があり、ここに一つの区画が外延的に仕切られることになったことと、御本席お出直しとともに教祖自体に対する追慕と憧憬《どうけい》とを失えば、天理教そのものの生命に重大、致命的打撃を受けるということがまざまざと心に迫るのを覚えて、ここに教祖研究の仕事はお道究道者《きゅうどうしゃ》の共に尽くさねばならん仕事《タスク》となって、今日では、純客観的に教祖史実研究と、主観的に教祖史内観《ないかん》研究ともいうべきものとに岐《わか》れていると考えて穏当《おんとう》であろう。

要すに教祖に即して天理教は、第一期は明治二十年に終わる教祖在世時代、第二期はそれより明治四十年に終わる本席すなわち教祖神格顕現時代であり、第三期は明治四十一年、本教独立の年より以後というべく教祖あるいは神格者を有《も》たぬ時代、すなわち教祖追慕時代であり、やがて教祖研究期に入《い》るのである。

二

教祖追慕時代に入ると、教祖を目に見、耳に聞いた老人たちもたいていい世を去ってしまうあとで、いよいよ教祖事跡を親しく追慕研究しようというと、その材料また既に鮮《すくな》しであって、なかなか容易ならぬものである。大和《やまと》に住まい三島《みしま》に居《お》って、ぢばの水を飲んでいる人であっても、教祖史の取り調べは少なからず困難である。

しかるに近来、識者がしきりに教祖に帰れ、教祖に帰れという叫びをなすのを聞く。これには私も、私の但《ただ》し書きのもとに大いに賛成ではあるし、さらにこれを絶叫高調したいのであるが、四百万人の信徒、三千の教師にただそのままに注文したとて、その挙措《きょそ》に迷うこと明らかで、三千の教師もまた、いかなる態度と信念を有して、この「教祖に帰れ」という句を提唱することができよう。巨砲も放って効なき空弾なら始めより手をつけぬがいい。ここにおいて、さらにその教祖に帰れということはどうするのかという細目《ディテイル》にわたって、親切に説き明かさねばならぬ次第である。

三

教祖研究はいままでのところ、大分明らかに二つに分かたねばならんものを混合している。そしてこれは甚《はなは》だ遺憾なことである。それは純客観的に教祖の史実を調査することであって、これは信仰という各人の人格を組織するの契機を誘引し、または契機の誘引を容易ならしむるもので、その意味において大いに必要なる次第であって、たとえば国家生活、人類生活の完実を図るために民族歴史の精確、世界推移の正確を期することの大切なると一般である。少なくとも宗教史実を調査するにこの目的を遺却するときは、研究自体において落在しているのであると言わねばならん。私は普通に中学生や教校生や、または殊別《しゅべつ》研究者が教祖遺跡を踏査せらるることについて大いに欣《きん》幸《こう》とする者であるが故に、いよいよますます、この点に注意せられんことを希望するのである。

次に、純客観的研究にあらずして、これを主観的の方面に援用せられんとするに際して、またここに著しい心得違いをしていることの多いのを、もっとも遺憾とするのである。本稿は、この思い違いを明白にしたいと思うためばかりであると言ってもいい。

それは一つの教祖行伝を見て、あるいは目の当たりに教祖の年少のとき雪《すす》がれた小川のせせらぎ、時折は庄屋敷《しょやしき》、三昧田《さんまいでん》を往復あそばした野の道、山の佇《たたず》まい、さては後年、赤貧洗うがごとくにして灯油代さえなくて月光の下にびいびいと紡《つむ》がれた糸車《いとぐるま》、たすけ一条に用いられた粗末な木綿着、破れ茶碗《わんちゃわん》や水差しなど思いめぐらせば、みな信心上の感性を鋭く衝《つ》かねばやまないに相違ない。誰しも一種ありがたい忝《かたじけな》い尊い嬉《うれ》しい心地気分に引き入れられて、さらに自身の所有としたいと思わぬ信者はありますまい。しかし、私の申したいのはここである。それでは一般人が応挙《おうきょ》の絵がいい、真卿《しんけい》の書がいい、利休《りきゅう》の茶碗がいいといって万金を抛《なげう》って争い求めるのと、その傾向において大した差異はない。これでは、また本真の信心とは申されぬ。

「教祖に帰れ」という絶叫は、常にその解剖刀《メスサー》がその辺までしか届いてはいない。それが残念である。そんなことでは教祖に帰れない。教祖のような心地になれと言ったり、「教祖を見なされ、人間一れつのために御苦労くださいました、五十年の永い時間を世界一れつのために艱難辛苦《かんなんしんく》くださいました、つるぎの中もお通りくださいました」と口をすっぱくしてしゃべっても、それは聴衆の気分を誘引するにすぎないので、信仰の契機すなわち真実の信徒を一人として求める足しには相成らぬ。そんな話を聞いて、ありがたがる人たちはすでに信仰に生き信心に呼吸しているのであって、敢《あ》えて新しい信徒を一人として増やしたという結果は得られない。私はこの点において、講演会などがいかほどの値打ちがあるかということを常に疑っている。

信仰というものは、そんなものではないと思う。もっと生命それ自身である。たすかった者でなければ信仰の味わいが分かるものではない。教祖というものを自身と対立せしめ、主観とはいうが、つまり自己の精神の内で本来の我《われ》と教祖の御経験とを対立せしめて、本来我の嗜《し》好《こう》または享楽の対象または材料としているようなことでは、教祖に帰れなどということは厳格にかつ完全に達せられるものではない。教祖史を研究する本来の目的は、この点にかかっているのである。教祖を自己の本来の自己に組織込んでしまっていなければならぬのである。

故に講演ではない。おしゃべりではない。

別席でのお話は口よりの取り次ぎではない。その先生本来の自己に融合したる教祖が、直接に自体に赤裸々におわします所以《ゆえん》に貴《たっと》きものがある。聴者もまた、その時にその先生の言葉を、自己の主観の気分にてありがたいというような対象に置くくらいでは一人前の信徒となれない。その言葉を構成している人格――教祖そのままの――を自己に化合していなければならない。この状況が、まさしく教祖に帰っているのである。故に病んだ経験ある者は教祖に帰りやすい。「人は通っただけのいんねんしか分からぬ」「成るもいんねん、成らんもいんねん」といわれているの本来の意義は、教祖に帰るということより始まらねばならん。

「教祖を研究する、教祖に帰る、天理教祖の天理教」などという識者の言は、大いに歓迎すべきである。しかし、ただ信仰を気休めや慰安の対象すなわち気分（申すまでもないことだが、気分が快《こころよ》いとか心持ちが悪いとかいうような狭い意味の気分ではない。むしろ客観的というに対しての主観的の心理状態と言ったほうがいい）と取り扱っていては、教祖史研究は何の足しにもならぬ。

もっと真剣な、もっと鋭い、自己それ自身を構成し組織する契機としての教祖研究、すなわち、かかる意味においての教祖に帰らんとするの努力、その努力の分科として客観的史実の精査必要であり、それに即して教祖に帰着し自己が教祖の構成契機、同時に教祖が自己の必枢《ひっすう》的組織資料として、主観的および客観的の史実考究が大いに意味があり、大切であり、必要であり、かつ大いに忝い所以となるのである。教祖研究の態度はまさにこれでなくてはならん。ただ口にて気分の一状態を誘引するだけの信仰よばわりや、いわゆる教祖に帰れという声では、一層のこと、活版に刷って声のいい人に朗読させたほうがいいともいえる。強いていえば、奈良丸《ならまる》に浪花節《なにわぶし》に仕込ましても、それを蓄音機にしたほうがいいかもしれぬ。

教祖研究の態度はまさに自己それ自身の契機――(唯一かつ一切の自己組織素とでもいうべきか)――の獲得に存することを承知せられたいのである。

(『みちのとも』大正七年七月号)

道の真柱

梶本宗太郎

御教祖がおかくれの際における、前管長公（注、初代真柱様）はじめ高弟たちの意気込みは非常なものでございました。最初おつとめをせよとのことでありましたが、これまで何度も何度も官憲が拘引するので、またもや九十歳の御高齢にあまる御教祖に縲紲《るいせつ》の恥《はずかし》めを受けさせたくないものと、前管長公は御苦心なさいましたが、神様より強《た》って、つとめせよとのことでございましたので、ここに一同いよいよ心を固めておつとめの用意をなされたのであります。

ちょうど厳冬の日でありましたので、何時《なんどき》拘引せられても構わぬように、パッチや足袋《たび》は二足ずつ重ね、すっかり用意して前管長公は後事を兄の松治《まつじ》郎《ろう》に托《たく》し、一同おつとめの道具を持って、かんろだいへお向かいなされました。この時は、たとえ天下を敵とするとも敢《あ》えて辞せぬという御決心であったと承っております。

その時は、かんろだいの周囲は竹を繞《めぐ》らして、おつとめされたそうですが、信徒などは、裏の塀を越えて入ってきたそうであります。これは前管長公が二十二歳の時でありました。

御教祖が何かお書きになると、「眞之亮《しんのすけ》、神様が書け〳〵とおっしゃるから書いたが、なんと書いてあるか読んでくれ」とおっしゃいますと、前管長公はそれを読み上げられる。すると御教祖は、「そうかえ、神様はそうおっしゃるかえ」とお応えになったそうであります。

他の方々も御承知でございましょうが、前管長公は御教祖御在世中に御用《おもち》になった、七、八つくらいに欠《か》げたのを継ぎ合わした湯呑《ゆの》み茶碗《ちゃわん》を御秘蔵になっておられました。そしてそれを見せるごとに「これが俺《わし》の宝や。これが道の宝や。この精神《こころ》を心としておれば、道はますます栄える。われわれは、一日もこの湯呑みを忘れることはできない」とおっしゃるのが常でありました。

前管長公はこういうことも仰せになりましたが、深く心に銘じて忘れることができません。それは誰か自分が過ちでもあって叱《しか》られると、申し訳ないという心から、首でも切ってくださいと言う。すると前管長公は、首を切られる者はそれで済むかもしれないが、首を切る者の身になって考えてみよ、切られる者よりも切る者のほうがいかにつらいか、とおっしゃいました。

かつて、山澤《やまざわ》の義母《はは》が御教祖の話をすると涙を溢《こぼ》すについて、私と吉川萬次郎《よしかわまんじろう》とが火のようになって議論したことがありました。

私は義母が涙を流すというのは、当時を真に思って感じたあまり涙を出すのであると主張し、吉川は、いやそうじゃない、涙を出すようでは感じが薄いのだ、真に感じたら涙は出ないと言い張り、双方一時間余りも議論を闘わしました。前管長公は、じっとそれを傍《そば》で眼を瞑《つぶ》ったまま聞いておいでになりましたが、終《しま》いになって、「お前らの言うことは、どちらも真実《ほんとう》や。俺《おれ》は御教祖の御苦労を思うときには、感極まって涙をはらはらと溢したが、その代わり、教祖おかくれの時、一身を捨てて、かんろだいへ飛び上がっておっとめしたときには、涙もなかった。それでどちらも一生懸命やった」と仰せられました。それで二人の議論は終わりました。

明治二十一年一月二十六日、御教祖一年祭が節となって前管長公はじめ、増野、平野、松村、清水、諸井の諸氏が上京となりましたが、その時、管長公は二十三歳の青年でおいでになったのであります。上京中の苦辛惨憺《さんたん》たることは、当時共に行かれた方々から委《くわ》しくお話がありましょうから申し上げませんが、この際、前管長公が、本部というものに対していかなる御精神であったかということを申し上げましょう。かつて、

「部下は借金したら移転もできるが、本部は移転できんぞ。本部は、たとえこの身が八つ裂《ざ》きになろうと、俺の身がどんなになろうと、この屋敷は人手に渡さんで」

とおっしゃったことがありました。以《もっ》て前管長公のちばに対するお考えが分かりましょう。

本教の一派独立については、前管長公の偉大なる御人格が大いに力あります。話が大変飛びますが、かつて本教一派独立前のこと、当時の主務局なる内務省にては、天理教管長は王侯貴人の豪奢《ごうしゃ》を極めておると聞いて、わざわざ官吏を取り調べに寄越《よこ》しました。ところが、ちょうどただいま拙宅が当時管長宅でございましたが、その台所の板の間で、雨が降れば漏るようなところでご飯を食べておいでになりましたので、なるほどと、これなればと、かえって感服して帰ったということであります。

斯波《しば》宗教局長など、最初は面会するのさえ馬鹿馬鹿しいくらいに軽蔑していたのでした。奈良県庁へ来ても、来ないくらいでしたが、ある時、突然調査の心算《つもり》か何かでやって来たところ、ちょうど、中学校の普請で、前管長公自ら、筒袖《つつそで》を着て土持ちの指揮をしておられるのを見て大いに感じ、膝《ひざ》をたたいて感じ入ったということであります。

明治四十一年十一月二十七日、本教一派独立せることは、普《あまね》く人の知るところでありますが、前管長公は独立認可を頂きに上京の際、夫人《おくさん》に向かい、

「今度上京の用件は多分独立認可と思うが、認可を得たら電報で知らすにより、直ちに正善《しょうぜん》と玉千代《たまちよ》を連れて大神様（注、親神様の呼称は当時の干渉によって改められていた）および御教祖へ御礼申し上げよ」とおっしゃって御上京なさいました。果たして独立認可の電報が来たので、夫人はすぐさま御礼言上されたということであります。

前管長公は十二月八日に御帰和遊ばされましたが、ある時「俺《わし》の養父《おやじ》（注、秀司様）は、生前苦労ばかりの道を通りて果てた。俺としては、どうかして死んだ養父に満足してもらいたいと一日《じつ》も忘れた日がなかったが、これで幾分の満足をさしていただけるであろう」とおっしゃったそうでございますが、以ていかなる時にも、神恩、教恩、親恩を忘れられなかったかということが分かりましょう。

（『みちのとも』大正七年十一月号）

たすけ一条

清水由松

皆様は、神様の御守護を知ったなら、日々常々に、決して忘れないようにせにゃならぬ。神様はいかに御守護くだされても、人間が恩を知らなかったら、神様への親不孝である。病気災難も、天に逆らうから生ずるのである。神様がいかに不自由なきようにしてやろうと仰せられても、心の理が適《かな》わぬから、身上事情に苦しまねばならぬようになるのである。人間が知らず識らずの思い違い、心得違いが障《さわ》りとなるのであるから、この理をよう思案せにゃいかん。

世の中には、夫婦親子兄弟の中でさえ、わずかのことから争いを起こして裁判をしたり、また、鉄道で轢《ひ》かれて死ぬ者もある。首を縊《くく》って大切な生命《いのち》を捨てる者もある。道の話を聞いていたなら、だんだんとたんのうする精神になりて、何事も結構やと感謝して、人に心を合わせてゆくから、何事も円満《まるく》に治まってゆく。ところが人というものは、じきに腹を立てて怒《いか》るから、そこに揉《も》めが起こる。揚げ句の果てには切る死ぬというようなことになる。神様はその心を立て替え、切り替えるようにせよとおっしゃる。なんぼ腹立つことも、低い優しい心で、はいはいと言って通れ、不足思おうと思っても思われんようにせよと仰せらる。これも、われわれの精神一つや。神様の教理より思案して通りたら結構である。俺が悪かった。俺が済まんことをしたという、さんげの心になったらよい。これが悪いんねんを善いんねんに切り替えさせていただく元種《もとだね》である。

御教祖様は五十年の永い歳月《としつき》を世界から嗤《わら》われ、謗《そし》られてつまらぬもののように言われても、腹も立てず、不足も思わず、たすけ心になってゆかれた。敵を愛する心でお通りくだされた。それを人間というものは、すぐ腹を立てたり、逆らったりするから身が倒れるのである。この心を立て替えるのが道の信仰である。

人の身上は神様よりの借りものであって、病の元はわが心からである。人はなんぼ財産があったとて、神様の御守護がなければ何にもならぬ。みな潰《つぶ》れてしまう。病んで果たすか、使って果たすかする。人に金を貸しても返されん。返してもらわんというて心を濁してはならぬ。たとえ返さんでも、不足をつけんようにするのが、人の信仰である。人に損させられた、人に使われたと、心倒したら身も斃《たお》れんならん。

人間というものは、長い年月の間には、どんな日もある、どんなこともある。そこをたんのうさしてもらわねばいかない。御教祖様はどん底にまで落ち切られたが、御教祖様の誠の心は、多くの人をおたすけくだされて道が栄ゆるようになった。天理教を信心して、天理教は貧乏神様やと思われて、自分の信心をやめるようでは真《まこと》の信心とは言えない。

世間では、身上で病んで財産を果たす人もある。不時災難で失《な》くする人もある。それを世界たすけのために果たさしてもろうたら、結構やら、嬉《うれ》しいやら知れん。それを途中で心を倒すから、人には嗤われる、不足は起きる。つまらなんだ、騙《だま》されたと言うから、道を穢《けが》す。自分から神様の道を離れるから、せっかく尽くした理も崩れてしまう。一旦信心したなら、不足に思わんよう、結構結構と遣《や》り切らねばいかん。この道は「続いてあってこそ、道と言う。続かん事は道とは言わん」（おさしづ　明治三十九年五月二十一日）たとえどのようなことがあっても、不足に思わず、結構結構で通るのが真実誠という。

◯

道の上、教えの上から、よう思案して、どうなるも、こうなるも、みな神様の御守護と悟らしていただかねばならぬ。難儀せんならんこともある。果たさんならんこともある。苦しいこともある。その間はたんのうせんならん。それは前生持ち越しのいんねんもあれば、今生のいんねんもある。三年や五年ぐらい信心して徳をもらおうと思たら大きに違う。どんな事情があっても、真実の心を以《もっ》て、終始変わらずに信心してゆかねばならない。それを信心の途中で、人間思案を出してやめたりするからあかせん。夢にも道を切ってはいかん。愛想尽かしてはいかん。わが愛想尽かすから、神様に愛想尽かされんならん。しっかり精神定めて、つないでゆくなら、末には結構な理があらわれる。

この世には、つまらん日もある。不自由な時もある。これはみな神様がわが心をつくってくださるのやと思うたら不自由も結構や。この世を楽々に通ったら、この世に生まれた甲斐《かい》がない。どこまでもたんのうさしてもらう。どうでもこの心で働くという精神持たねばならん。人間が天の理に適う行いをしたら、天の与えも違うことはない。この身上も壮健に、また内々も結構にさせていただくことができる。

親様《おやさま》（注、教祖《おやさま》）は徳を与えたい一杯である。その深い御心《みこころ》あればこそ教えも聞かしてくだされたのである。なれども人間の心には、草山というて、草が繁《しげ》りているから、徳をあげようにもあげられん。草山というたら埃《ほこり》の心や。人間はこの草山の心を苅《か》らねばいかん。

しかし、いくら結構な土地でも、常に草を苅ったり、肥を置いて、修理肥料《こやし》をせんならん。人間の心とても、やはり同じこと、常に神様へ詣《まい》ってお話を聞いて心の修理肥料を与え、善い種蒔《ま》きを心がけねばならない。それには日々にたんのうが第一、わが身はどうなっても構わんという働き勤めをして、心の種蒔きを丹精せねばならんけれども、天の与えを待つような欲の心があ

ってはいけない。みかぐらうたにも、

よくがあるならやめてくれ
かみのうけとりでけんから
（九下り目　4）

とある通り、神様は欲はほこりとおっしゃる。わが身は捨ててもという心で働かしてもらわねばならん。この精神が大切である。なんぼ働いても、精神腐っていては何にもならん。待つことはいらん。神の与えを喜んで通ればよい。どんなことも、神様が連れて通ってくださる。天の神様は、決して与えなしには捨ておかん。

道の者は、日夜の精神が肝心である。真実の精神にて、心の道を誤らぬよう、親様の心に適うようにせんならん。人間心で、自分で自分の徳をつけようと思ってもいかん。どうでも真実心を以て働いて、人様より信用を受けるようにならねばならぬ。信用さえ受ければ、どこへ行っても困ることはない。人の好くものは神も好く。神の信用が大切である。この心一つ、この心の真実働きが信心の要《かなめ》である。

自分は御教祖様の足跡《あしあと》を通って、いんねん果たすのみならず、土地所の小さな雛形《ひながた》とならねばならぬ。そして、土地所の人々に、なるほど天理教は結構やと言われるようにして、なるほどの人やと感心させたなら、私も一つ信仰しようかというて話を聞きに来てたすかる。人がたすかるのみでなく、わが身もたすけていただける。内々も治まるというようになる。

心たすかれば身もたすかる、人もたすければわが身もたすかる。この世は互い立て合いたすけ合いである。人をたすけさしてもろうて、わが身もたすかる。人を喜ばしてやれば、わが身もたすかる。

（『本部員講話集（上）』大正八年十月）

教祖の谷底生活を懐《おも》う

中村新一郎

一

私の心を真っ向から鞭《むちう》つものは教祖の谷底生活である。

二

財ある者は財を棄《す》てよ、智慧《ちえみ》の果を抱く者は智慧の果を捨てよ、真の信仰生活は手を放す心にある。信仰生活とは己を捨てて神に奉仕する生活である。神恩報謝の感激生活である。一切の「己の物」もない、一切の自我もない。心を尽くし身を砕《くだ》いて神に奉仕する尊さ。これが真正に自分の生くる道であると信ずる。

「多くのことを知るためには多くのことを忘れなくてはならぬ」。信《しん》に生きんがためには、一切を捨てねばならぬ。（中略）財を抱くその汚《けが》れたる手を以《もっ》て聖《とうと》き神のお姿に触れることができようか。智に偏《かたよ》りたる陋《せま》き心の裡《うち》に、神の慈光が照り輝こうか。三才心になれという。三才の子に、財もない。智もない。無邪気なその心には、ただ母の笑顔が映るのみである。三才心の神の子には、一切を司《つかさど》らせ給う神の慈光より何ものも映らない。一切が借りものだ。「神の前には欲はない」。一切が神のものである。人間は一切のものを神へ還《かえ》さねばならぬ。

われわれの生活は矛盾に満ちている。泣くに泣かれぬ人間としての苦しみに日々喘《あえ》いでいる。その苦しみは、われわれが、何千度《たび》、幾百度となく生まれかわり、死にかわりしている間《うち》に魂へ汚点《しみ》がつけられた影である。も一度、再びあの懐かしい白《はく》の魂に還りたいではないか。真正の人間として神の子として生き得る喜びと矜《ほこ》りを有《も》つ万物の霊長に立ち還りたいではないか。この世の中に、誰一人として、一匹の蟻《あり》にさえも万物の霊長であると、矜り得る者があろうか。野の末に咲く無心の花に対してさえも、われわれは教えられこそすれ、矜るべき何ものをも有っていないではないか。

三

永遠の光は形もなく、時もない。天の理は語るべきものでない。神の声は沈黙の静穏裡《り》にこそ聞かるべきものである。道は教えられるべきものでも研究して伝えるべきものでもない。真の教理というものは、筆舌を超絶したる実践そのものでなければ生きない。この意味において、教祖九十年の御生涯は生きたる教理である。無言の教えである。(中略)

あまりに聖い「ひながた」ではないか。人間としての苦しみの限りを嘗《な》められた教祖の御一生を、あまりに従来《これまで》、容易《たやす》く扱われていはしなかったか。否《いな》あまりに、私自身において「ひながたの道」を冒瀆《けが》していた。まず自らを省みなくてはならぬ。

いかなる心弱い人間でも、ある一の動機から、奮然として精進することがしばしばある。われわれが、教祖の崇高なる「道すがら」を思うごとに、われわれはある力と光を与えられる。

この意味において、私は教祖が神のやしろとなられて後、五十年の道すがらのうち、その前半約二十五年間は、教祖が、谷底へ谷底へと落ち切り給《たも》うたのに、深い意義を見いだすものである。

御教祖は、御自身はもとより家財産親子もろともに神へ捧《ささ》げられた。そしてまず神意を受けて行い給うたのは、世界万人たすけのため谷底落ち切るということであった。教祖は、どん底へどん底へと落ち給うた。（中略）

なんという尊い御心《みこころ》であろう。一粒の種子《たね》も、地へ蒔《ま》かねば実らぬ。教祖はまず地の底へ蒔かれた。谷底へ落ち切られた。そして初めて谷底から次第に這《は》い上がられたのである。あたかも、地へ蒔かれた一粒の種子が芽生えるように――。（中略）

四

人間はちょうど、野に彷徨《さまよ》う餓鬼《がき》のようなものである。心の餓《う》えから、空《むな》しくも荒野《あれの》を迷い歩きながら、彼方《かなた》此方《こなた》と、石塊《いしころ》を探しまわっては古い革袋に詰め込んでいる。遂にはその重さに堪《た》えずして躓《つまず》き倒れる。

その時、真《まこと》に心の餓えを満たさんと欲して目醒《めざ》めた者は、まずその石塊を詰めた革袋を捨てねばならぬ。その時初めて、心の餓えを医《いや》すべき生命《いのち》の泉は見いだされる。その道は上るに従って高くなる。苦しい。重く纏《まと》うた着物を、上るに従って一枚一枚と脱ぎ捨てる。こうして、最後の一枚の衣《きもの》を脱ぎ棄てて赤裸《まるはだか》の人間になったとき、その人はそこに初めて神に抱かれることができるのである。

神の懐《ふところ》に飛び込まんがためには、汚《けが》れたる衣を脱ぎ捨てねばならぬ。あまりにわれわれは穢《けが》れている。埃《ほこり》にまみれている。まず汚れたる衣を脱ぎ捨てよ。穢れたる心を清めよ。財を棄てよ、智を捨てよ。しかして生まれしままの三才心に還りて神の御胸《みむね》に抱かれよ。初めてそこに真の人間、真乎《しんこ》の我《われ》を見いだし得るであろう。

「叩《たた》けよ、しからば開かれん。求めよ、しからば与えられん」と、われわれはまず心の扉を叩いて開かねばならぬ。財に囚《とら》われたる小我、単なる智に狭められたる心、それらをわれらはまず胸襟《きょうきん》を開いて放棄してしまわねばならぬ。

教祖が谷底生活に約前半生を送られたのは、この一切の自我否定であった。教祖は財を施した。智も捨てた。一切を否定した。しかして後に、初めて大我に生きた。教祖の谷底生活は、小なる中山みきを否定して、直ちに教祖としての御自身を生かし切ったのである。薪木《たきぎ》はまず自ら燃えねば他を焼くことができぬ。肥料は一旦腐敗せねば用をなさぬ。

神に抱かれない者が神を語ることができようか。神の声を伝えることができ得ようか。「艱難《かんなん》の道を諭するなら、艱難の道を通らねば諭しようまい」（おさしづ　明治二十六年二月二十四日）と仰せられる。

まず、一切を捨てよ。財ある者は財を、智ある者は智を、すべてのものを自分から断って谷底に落ち切り、そのどん底から這い上がった者でなければ真の道は説き得られない。この道は「艱難から組み上げたる道」（明治三十三年十月十六日）である。

五

われわれが一切を否定して、たとえ覚束《おぼつか》なくとも、万分の一なりとも教祖のどん底生活を辿《たど》らしていただいたならば、そこに神の愛は輝き渡る。救われる。真にその人が救われたとき、その人はこの神の愛をば、自身を通じて、他の暗黒裡に呻吟《しんぎん》している苦しめる同胞たちに伝えずにはおられないであろう。単に神より愛さるるのみに満足せずして、進んで神と共に一切衆生《しゅじょう》を愛する心に躍々として燃え駆けらるるであろう。この燃ゆるような済度《さいど》の心が湧いてこなければ、その信仰は虚偽である。欺瞞《ぎまん》である。

教祖は、まず神命のままに谷底へ落ち切られた。落ちるに途《みち》ないどん底まで陥《おち》られた。その最後の谷底生活からして、漸次《ぜんじ》に布教伝道の細道に出《い》でられたのである。これが、真の救人《きゅうじん》の道すがらであると信じている。

教会の青年は、宗教家なる名に煩《わずら》わされ過ぎている。宗教家は人を教化するものだ、せねばならぬと思い過ぎている。ここに教化態度の自己欺瞞がありはしまいか。傲慢《ごうまん》の心が宿っていはしまいか。純一に謙遜《けんそん》にこの心を己に省みなければならぬ。宗教家は、まず「我《われ》」を捨ててしまわねばならぬ。一切の物、一切の人間心、一切の財、一切の智を、惜しげもなく捨て去って、赤裸《まるはだか》の人間に生まれ更《か》わって神の心に触れて、初めて真の宗教家として真の教化ができるのである。

故に私は信ずる。教祖の谷底生活を味得《みとく》体験した者でなければ、真の天理教布教師ということはできないと。

「どうでもこうでも、艱難不自由通りてくれるは、一代の道の台と言う」（明治三十五年七月十三日）と。われわれは道の看板ではない。道の台とならねばならぬ。

農夫は黙々として渾身《こんしん》の力を竭《つく》して地をたがやし、種を下ろしている。その一粒の種も蒔いて初めて収穫することができるのである。われわれは「ひながた」が足跡《あしあと》を辿らんがため、まず黙々として谷底生活に落ち切り、しかして大《だい》なる道に甦《よみがえ》ってこなければならぬ。

（『みちのとも』大正九年一月号）

心を捧ぐ

増野鼓雪

われわれ人間の心と神様のお心との間には、理の通う道があって、われわれの心へ神様のお心を、そのまま直覚できるに違いない。ところが不幸にしてわれわれには理が通わない。これは理の通う道に草が生えているからである。この心の草を刈り取って、道がどこにあるかを求めてゆかねばならぬ。そうすればわれわれの心に、神様のお心が自由に通うようになってくる。

道を拡《ひろ》めるのも同じことで、人間から神様へ通ずる道を、綺麗《きれい》にすればよい。その道を通りて神様はわれわれに、自由の御守護をしてくださる。会長と喧嘩《けんか》をして布教に出て、なんぼきばったところで決して信徒はついてくるものでない。それは上級との理が切れてあるから、神様が働いてくださらぬのである。道を拡めるということは、信徒を属《つ》けることが第一義ではない。

道をあけることである。神様との道、上級との道さえ明らかに付けておけば、信徒はひとりでに後から従《つ》いてくる。道を通る者は親との道、会長との道、上級との道を、円満に付けておくことを、何より先にせねばならない。

○

われわれが神様を信じているということは、神様に向かって常に心を捧《ささ》げているということで、神様の思召《おぼしめし》のままにどんなふうにでも使っていただくという心持ちでなければならない。神様のお言葉にもいろいろあるもので、教えとして示してくださるのや、さしづをしてくださるのがあるが、一名一人の身に報《しら》せてくださったことは、人間の目から見て善かろうが悪かろうが、絶対的のものであるから、あくまで遂行してゆかねばならない。

ところが、神様がお示しくださったものであるのに、自分だけそういうことをせねばならぬとは得心がゆかんというので、世界を眺めるから、せっかくの理を流してしまわねばならぬことになる。われわれはただ自分と神様とのことを考えればよいのに、自分と他人とのことを考えるから、こんなことが起こるので、人のことを考えたら信仰はすぐに壊されてしまう。（中略）

私たちの経験から言えば、お話をしている、そうして向こうの人に真に理が浸《し》み込んでゆけば、三十分なり一時間なりの後にはスウと顔色が変わってくる。ところが家へ帰って、傍《そば》に心を移すと元の通りになってしまう。これも、他人を見ては心の理を崩してしまうからである。

このお道は、要するに神様と自分とだけのことであって、他人《ひと》はどうでもよい。神様が「一名一人の信心」と仰せられたのはここである。自分というものを神様はどんなに見ていてくださるか。自分が神様の御鏡《みかがみ》にどんなに映っているかさえ考えればそれでよい。ところがたくさんの人は、この神様がどんなに受け取っていてくださるかを考えずして、人にどう映っているか、人はどう自分を思うているかと、こんなことばかりを考えている。だから人をごまかしたり、欺《だま》したりする。

「八方に心を配《く》ばり、理を失うようになる」（おさしづ　明治二十三年七月七日）という神様のお言葉は、このことをおっしゃったのである。人がどうの、こうのと、他人の目色ばかりを覗《うかが》って、日々に暮らしているから神様に受け取ってもらうものは一つもない。一つの理とは、人間が神様に受け取ってもらう理である。誠である。だから他所見《よそみ》することは要らぬ。ただ自分の通る道さえしっかり見ておれば、それでよい。それほど確かなことはない。他所見するから肝心のことを忘れてしまう。

〇

真実《ほんとう》の教理は胸から胸へ移り伝わってゆくべきもので、決して話ではない。神の道、上《かみ》の道、一寸《ちょっと》言えば同じ。事情の道とは世上の道、神の道は胸の道。世上の道はどんな事して居ても、目にさえ見えねば通りて行ける。なれど胸の道は、皆身に掛かる。（明治二十四年一月二十七日）

とおっしゃった神様のお言葉がある。世界の道は人に隠し、欺してでも通ってゆかれるが、お道では、心に使《つこ》うただけの理はみな体に表れてくる。であるから善い理を人々の「心から心へ」「胸から胸へ」とうつしてゆくことが肝心である。

〇

われわれお互いの体は、神様からの借りものであるということは聞かしてもらっているのであるから、十分に御承知のことと思うが、それならば、体以外の物はどうかというに、これもまた借りものである。普通一般に体以外の物は自分のものであるかのように思われているが、やはりこれも借りものである。その証拠に人が生まれるとき、誰一人としてこの世へ何か物を持って出てきた者があるか。着物一枚着て出てきた者があるか。皆裸一貫で生まれてきたのである。そして一生と言っても長短の差こそあるが、とにかく一代通って死んでゆくときはどうかというに、やはり何一つ持って死んでゆくのではない。どれほど自分のものとしてたくさんの物を持っていたにしても、皆後に残してゆかねばならない。あの山は俺の所有《もの》だからとて、持ってゆくわけにはゆかない。

こう考えてみれば、生まれて美しい家に住み、立派な着物を着ている人も、着るものもロクにない人も、その持つ財産は皆（中略）、いずれも神様が人に貸してくださった翫具《おもちゃ》に過ぎない。人間はただ神様から借りたその翫具を持っていることが楽しみなのであって、山が何町あるといったところで、山をかじって食ってゆける訳のものでない。すべてが借りものであるから、お道で尽くし、運びなどと言っても、元はというと皆神様のものである。それを寄進という名によって、神様にお返しするに過ぎないのであって、神様にあげたのだと考えるのが間違いである。

たとえば親が子供に翫具を買ってやる。するとそれを子供は十分持って飽《あ》いてくると、これをやろうと言って、くれるようなもので、親としてはそんなものを貰《もら》うことは決して嬉《うれ》しいことではない。しかし、その親にやるというその心が嬉しいのである。それと同じで、われわれが神様にお供えしたり尽くし運びしたりする品物はどうでもよいので、そんなものは神様は欲しいことはないが、その心を喜んでくださるのである。

われわれが他所《よそ》へ行くとお茶を出してくれるが、その一杯のお茶でも、嫌な顔をして出されたら決して嬉しいものではない。しかしニコニコとして愛想よくしてくれると、たとえ無味《まず》い茶でも非常に嬉しいものである。それは要するに、その人の心の理が嬉しい尊いのである。神様も、品物の多寡《たか》よりも心の理を受け取ってくださるのである。ところが神様も人間と同じように好き嫌いがあるもので、神様のお好きなものを持っていってこそ喜んでもらえる。そのお好きなものとは何であるかといえば、「誠」これよりほかにはない。すると品物に添うている心が誠でなければならない。

これは御教祖《おやさま》が御在世中のことであるが、村方で相当に暮らしていた人が、ある日のこと牡丹餅《ぼたもち》を拵《こしら》えて御教祖のところへ持っていった。それを御教祖がお召《あが》りになろうとすると、手が固くなってどうしてもそれを食べることができない。ところが貧乏な人が拵えて持ってきたのを御教祖にお供えすると、喜んでお召りになったということがある。これは先に持っていった人は金持ちで、その餅に高慢が付いていたが、あとの人はまあ一つ神様に召っていただきたいという誠の心があったからである。同じ物をあげるにしても、その時の心一つによって、受け取っていただけるものと受け取っていただけぬものとがある。

また、これも御教祖御在世中のことであるが、ある京都の人が御教祖に手洗い桶《おけ》をあげたことがあった。それがいつまでも軒《のき》につるされていて、どうしても御教祖はお使いにならない。で、その訳を調べてみると、あげた人がその桶代を踏み倒しておったということが分かったのである。

こういうふうに、いくら品を神様にお供えしても、誠の心の理が添わねば受け取っていただくことはできない。

（前略）どんなに些細《ささい》なものでも、心の理さえ添うてあれば、神様は大きなものとして受け取ってくださる。「百万の物持って来るよりも、一厘の心受け取る」（明治三十五年七月二十日）と仰せられて、真実の心の理をお供えするということが何よりも肝要なことである。「これからはたすけ一条の売店《うりみせ》を出す、こころの値《あたい》持って買いに来い」とも仰せられたのであるが、心の値でたすけを買うのであって、金の高《たか》や、品物の如何《いかん》によってはどうすることもできない。

◯

私の知人が、ある脊髄《せきずい》病の人のところへ布教に行った。そして千円神様にお供えすればたすかると言った。すると病人は、どういう訳であげるのですかと言うので、詰所を建てるために入用であって、多くの人さんの宿《とま》る場所がないので非常に困っている。それらの人をたすけるためだと言うと、皆さんをたすけるためですねと言って出してくれた。すると病気はすぐ御守護《おかげ》を頂いた。それを聞いた他の布教師が、別の病人のところへ行って、千円神様へ供えたらたすかると言ったので、病人は「ほんまにたすかるか」と念を押して出した。ところが、たすからなかったのである。

この話を考えてみても分かる通り、金に差別はない。が、前者は人をたすけるためにと言うて出したし、後者は自分がたすかるために出している。その心が大変違っているのである。

われわれが真実に神様からたすけていただくということは、形の上のことはどうでもよい。誠の心をお供えして、それに添うた立派な理を光らすことが、何よりも大切なことである。

（『増野鼓雪全集』6「講壇より」昭和四年一月）

本席の天啓について

増野石次郎

神様は教祖に、神の社《やしろ》と名付けられた。そして飯降伊蔵《いぶりいぞう》先生に、席《せき》または本席《ほんせき》と名付けられた。

神の社とは、神様の常住されるお住居《すまい》である。つまり教祖は神様の名代《みょうだい》であった。神そのものであった。

席または本席とは、神様が神の座に就《つ》かれる席のことである。神様が入り込まれて、神の座に就かれる席が、伊蔵先生の心にできた上から、席または本席と名付けられたものである。お住居である社は永続的のものであるが、座につく席は一時的のものでなければならない。伊蔵先生は、かくて一時的ではあるが、神の働きを代理されたのである。神様のところへ事実行き着かれたのであった。真夜中、よく眠られておる本席に、部屋一つ隔てて、しかも神様を拝するときと同じように、声を出《いだ》さず心でお伺いすることを、直ちにどうせ、こうせと大きな声でさしづされたり、あるいはまた、一旦お近《か》くれになったはずの冷たい体が、こちらの願いによっては、さらに三日間も達者で通られるなど、こうした数限りない奇跡は、自由自在《じゆうようじざい》の神の働きを実証されたものであり、神のところへ行き着かれた証拠にもなるものである。

お互いがお道へ入《い》らしていただいて、教理が次第に会得され、信仰が高まってくると、九度の別席を運ばしていただく。十回目にはおさづけとて本席を頂く。これは神様に入り込んで、働いていただくその席を心に作るために、心を掃除するものである。心の掃除ができて、神様に入り込んでいただき、座について働いていただく席が心にできて、いよいよ本席を頂いた上は、病人の枕元に幾重の不思議な御守護を見せてくださる。神様の取次人《とりつぎにん》として、親の代わり、親神様の名代を勤めさしていただくのである。この親の代わりが、いつ何時でも意のままに勤まり、不思議な神様のお働きが現れて、お互いにここに初めて神の交わりができたというもの。この境地に達するまでの心の修行、心の道すがら、これがこのお道というものである。

教祖は、「初めて道へついた者は、赤子も同様や」「三年ついて、まあちょっと片言言えるだけのものや」とも仰せられている。お道のよし悪《あ》しをとやかく言う赤子の泣き事から始まって、五年十年二十年三十年とお道を通って、「成人次第見えてくるぞや」と仰せられている神の思惑が明らかに心に見えてくるまで、お互いは心の修行、つとめ一条の道をいそしまなければならない。

伊蔵先生のこの本席は、お道を通る者の第一の要諦《ようてい》であって、ぜひお互いは、本席のこの境地まで行かなければならないはずのものであり、またぜひ行き着けるところのものなのである。（中略）

◯

神様は「成程《なるほど》の理が治まれば、神が守護する」と仰せられている。神様から可愛《かわい》がってもらって、特別の御守護をしていただくためには、それだけ神様に信用していただかなければならない。どこに申し分ない、なるほどの人間として、神様に得心していただかなければならない。お互い人間にしてもがそうである。

気心も分かり、なるほどの人間と得心ができなければ、何一つ仕事を任せることもできなければ、安心して使うわけにもゆかない。つまり神様から守護していただく、神様に安心して使《つこ》うていただく、神様から仕事を任していただくためには、どうしてもお互いはまず第一に、なるほどの理を心に治めて、なるほどの人とならねばならない。でなければ、神様の仕事を任していただくなどということは、願《ねご》うてもできないことと言わねばならん。

いま、お道の古い歴史を調べてみるに、永年お道を通られた先輩先生方には、どこに何一つとして非難《さん》うつべきところはないが、取り分けても本席伊蔵先生には、角《かど》がなかった。非難《さん》うつべきところがなかった。本席さん、伊蔵さんといえば、すぐにもなるほどの人、ようできた人やった、ということに百人が百人まで口がそろう。この伊蔵さんの、ようできた人、なるほどの理が、けだし伊蔵さんに天啓の降《くだ》る、神様がその仕事を任せられた第一の条件であったのである。

なるほど、よくできている、という絵は人間業でない。人間離れをしたものでなければならない。なるほどこいつはうまい、という食事には、こちらのお腹《なか》が空《す》いていなければならない。
この物一条、人間一条から離れて、煩《わずら》わされなくなって、初めて、そこになるほどの理が治まるということは、親の代わりとして神様から大きな仕事を任していただく、御守護していただかなければならんお互い取次人として、第一に心せねばならんところのものである。本席を頂くための別席人にしても、話を聞くだけが別席ではなくて、心になるほどのこの理を治めるのが、その要《かなめ》であらねばならない。

（『みちのとも』大正十二年四月二十日号）

婦人の自覚

松村のぶ

神様のお言葉の中《うち》に、

この道どういう事から成った。男女《おとこおんな》隔て無い。一つの台にして始め掛けた。この理がとんと分かり難《がた》ない。この道の始めた教祖《おやさま》一代の処《ところ》は女、後席《あとせき》は男。男女の隔て有るか無いか。

（明治三十一年十月二十六日）

と仰せられてありますが、このお言葉によっても男女の隔てなく「女松《めまつ》男松《おまつ》の隔てない」もと真実の神様の思召《おぼしめし》を最も明瞭に悟らさしていただくことができるのであります。すなわちお道を開き、道の土台とお成りくだされた御教祖様はもともと女性であらせられましたが、御教祖の衣鉢《いはつ》を継がれた御本席は男子であらせられたので、これによっても神様の道に男女の隔てがあるか、ないか、すぐ明《わか》らさしていただくことができるのであります。

しかるに今日まで長らくの間、服従と圧迫とで習慣づけられてきた、われわれ婦人というものは、ほとんど「人間のうちの婦人」ということを忘れ、「婦人という人間」というような観念に支配されることが多く、ほとんど人間の圏内を脱して、玩弄視《がんろうし》し、時には奴隷視して、取り扱われた場合が多いように思われるのであります。そして女自身も、その僻見《へきけん》に甘んじていたように思われるのであります。

しかしこの長い習慣は根強く女性の心に植えつけられているので、今日なお、われわれ女の心から卑屈さと弱さとは容易に取り去ることができないのであります。そして、お道を通る上においても、われわれは女だから、婦人だからというて、始終躊躇《ちゅうちょ》し、尻込みをすることがあるのでありまして、甘やかされ、撫《な》でさすりされて甘んじて通ることが多いのであります。しかし、これでは大神様（注、親神様）の思召に対しても、また御教祖の手本雛型《ひながた》の道や、こかん様の手本雛形に対しても、まことに申し訳なきことと申さねばなりません。

◯

お道の台は御教祖であり、布教の土台はこかん様であったのであります。これは全世界全人類への救済の曙光《しょこう》であったと同時に、われわれ婦人への覚醒の大きな光であったことは申すまでもありません。かくして女性に栄光のあるお道ははじめられ、女性が、真に目醒《めざ》むべき旬が到来したのであります。

しかしここで考えねばならぬことは、神様が「女松男松の隔てはない」と仰せられたことを曲解して、男女の無差別を主張することであります。（中略）神様の思召は決して、男女の無差別にあるのではありません。（中略）男女の尊卑《そんぴ》に差別がないとの神様の思召と解すべきであります。故に男には男の役目があり、女には女の役目があり、おのおの、その務めをば完全に尽くすことのできるよう、神様は男女を区別して創造してくだされたのであります。故にわれわれは、婦人の本分を忘れ、女の役目を忘れてはなりません。しからば、一歩を進めて女の役目とは何でありましょうか。

御教祖様がある時、男神《おがみ》であるくにとこたちのみことを龍《りょう》であると説かれ、女神《めがみ》なるをもたりのみことを大蛇《だいじゃ》であると説かれたとき、ある人が男神を龍といい、女神を大蛇というのは心得難《がた》しと、御教祖様に重ねてお伺いしたことがありました。ところが御教祖は即座に、龍とは「理王《りおう》」じゃと仰せられ、そして大蛇とは「台じゃ」と仰せられたということを聞かしていただいております。

「この世の地と天とをかたどりて、夫婦をこしらえ」くだされた神様の思召から考えさしていただきましても、男は天の理、女は地の理となるのでありまして、天に対する地の理は、すなわち台の理となるのであります。なお御教祖様は「男は柱や、女は柱石《はしらいし》や」とも仰せられたことがあるのであります。そこでこれらのお言葉より思案して、婦人の役目を考えますと、女の役目はすなわち、地の理、台の理、柱石の理となるのであります。

地の理とは、万物を含む抱擁《ほうよう》の力であります。熱とぬくみで万物を生成化育さす育《はぐく》みの力であります。台の理、柱石の理とは、すべての基礎をなす内助的の犠牲的精神であります。この抱擁の力、この育みの力、この犠牲の精神、これが女性の力であって、女の役目とはこの力の発揚《はつよう》にほかならないものと考えるのであります。

草木《そうもく》の育ちの悪いのは、地に肥気《こえけ》が少ないからであります。柱の揺るぐのは柱石の確かに定《き》まらぬがためであります。（中略）

東西古今の史上において名を留《とど》めた偉人には、必ず良妻賢母がそれに付帯して、その台をなしているのであります。西洋の諺《ことわざ》に「銅像の土台をなすものは女の力なり」と申します。銅像を建てられるような勲《いさおし》の土台には、きっと女の力があると申すのでしょう、以《もっ》て女子の役目と責任がどこにあるかを明らかに知ることができるのであります。そして女は台じゃと仰せられた神様のお言葉の深い理を、つくづく思わしていただくのであります。

（『みちのとも』大正十二年四月二十日号「四十年祭と婦人の自覚」より）

若き人々のために

板倉槌三郎

御教祖の御苦労のことに関しては、多くは申しませぬ。皆様には十分に御存じのこととお察し申しますから。しかし、御教祖が御苦労をしてくださったということを知るだけでは、何にもなるものではないのであります。食うものも食わず、着るものもなく通ってくださったということを知っておっただけでは何にもならぬ。お互い道を伝うる者がその御教祖の御苦労の理を頂き、その御心《みこころ》を心として通らしていただいてこそ、真実《ほんとう》に御苦労の理を知っていると言うことができるのであると思うのであります。晩年になってからでも、いまに残ってあるあの休憩所（注、御休息所）の畳四枚の狭い所にいてでも、絶えず多くの人々を引き寄せておられたというところを、悟らしていただかねばならぬのであります。（中略）

この御本部ができるまで、すなわち独立が許されるまでの前といえば、本部員もなければ先生もない。そやから今日のように誰も羽織も着ておらず、袴《はかま》も穿《は》いてはいなかったので、ただ兵児帯《へこおび》一筋で飛び歩いていたものであった。また、その時分には、袴を買うお金がなかったのであります。それがようやく表看板だけでもかけられるようになったので、袴も穿くようになり、羽織も着などして、チックリチックリ進んできて、独立の請願もしてくだされたのであります。

独立の請願をしたからというても、チョックラチョットには許してはくださらず、十一年という長い月日がかかっている。そしてようやく、今日の天理教となっているのであります。ひとりでできてきたといえば、できてきたのには違いはないが、今日までになるには、どれだけの苦労と艱難《かんなん》がかかっているかということを考えてみなければならぬのであります。（中略）御本席の時代二十年間というものは、殊《こと》にたくさんのおさしづを下されたのであります。またその時分には、お道といっても本当に盛大になっているのでなし、ただ神様のおさしづを唯一の頼りとしてきたのでありますが、神様も、夜の道中は声が頼りや、声を頼りについてきさえすれば夜が明けたらなるほどということが分かる、ということを仰せくだされてある。また、その当時の人々が、神様のこのお声を真の頼りとして、少しの疑いも持たず通ってきたればこそ、今日の道が生まれてきたのであります。おさづけにしても、初めのうちには一日に二人か三人ぐらいしかお渡しにならなんだ。名称を一本頂くにしても、なかなか今日のような気楽なことをしていては頂けるものではなかった。本部へ願書を差し出すと、本部から誰か先生が視察に来てくださる。そしてその先生が本部へ帰って復命されると、それについて会議して、それから神様にお伺いして初めて御本部の認可を頂くことになったのであります。で、今日ではどうかと申しますると、ちょうど誂《あつら》えておいた注文でも取りに行くような気持ちでおるが、もとはと言えば、決してそんなに軽々しいものではなかったのであります。部下の者としての苦しみも重かったが、それにも増して御本部の管長公（注、初代真柱様）はじめ先生方の気苦労は大きかったのであります。管長公が（中略）、道の中心となり代理となって、すべてを御処理くだされたのでありますが、上《かみ》に対する理の勤めと、下々に対する親としての御苦心のほどは、並々のものではなかったのであります。

この御本席も管長公も、いまは見られませんが、その後を故《ふる》い方々が引き嗣《つ》いで、何でも思召《おぼしめし》通りに果たさにゃならんの心一条でお働きくだされたればこそ、本教は今日の発展を見ることができたのであります。先輩の方は、こうして神様のさしづを心として一つ一つを成し遂げ、成し上げられたのであります。部下の教会にしてもまた、それと同じことであります。今日ではたくさんの教会ができているが、もと始まりはといえば、やはり一名一人の信仰から始まっているのでありまして、食うものも食わず、衣《き》るものも衣ず、苦労をして御教祖のひながたの道を通られたればこそ、今日では大教会長、教会長という栄誉の地位を保っていることができるのであります。

ところで、その後を嗣いで、今後の社会に教会の理を押し立ててゆく者は誰であるかと、こう申しますると、青年である皆様方よりほかに人はないのであります。が、御教祖御在世の当時なり、先輩の諸先生方が御苦労をしてくださった元一日の日の理を忘れてはならぬのであります。

「四方八方反対の中であったぞよ」と仰せある通り、上からも下からも、横からも反対攻撃されたその中を、どうすればこの道は開けてゆくか、どうすれば立ち切ってゆくことができるかということについて、心の苦労をしてくださったということを忘れてはならぬのであります。今日においては道は楽々になり、できぬことは何もないのでありまして、講社は百もあればすぐ許してくれる。形の上のことならば造り上げることは何でもないようにできているのでありますが、こうまでにしてくれた初代の人々の心の苦労、身の苦労を忘れてはならぬのであります。

ところで、今日の青年の中にはいろんな者もあって、小遣い銭もやる、衣類も送ってやるから布教に出てくれと言えば、ハイと言って出かけてゆくが、そういう生ぬるい心では、三年たっても五年たっても決してうまくゆくものではない。あちの草取りをしたり、一年中門掃《かどは》きをしてみたり、そんなことさえしておればよいように思っている連中も中にはある。青年などには教会としての責任はないからというので寝ていたり、酒を飲んだり、将棋をしたりして、一日中遊んでしまうようなことでは神様に対してすまぬ。所長や会長のよいことだけ真似《まね》しておればよいというふうで過ごしていたのでは、布教にも出られぬ。苦労の中を通り切って、ようやく今日までになってこられた会長や役員のしていることを若い者が真似をしているようなことでは、とても、これからの道を嗣いで通ってゆくことはできまいと思う。

若い年の間は、二晩や三晩の徹夜をしたところで身上は何でもない。元気さえあれば平気で通せる。しかし五十六十という年になっては、そうはいかん。心では何ぼ焦ってみても、あれもしたい、これもしたいと焦ってみても、身《からだ》がそれについてこない。でありますから、若い間は睡《ねむ》たくなったからって、寝てしまうような弱い精神であってはならぬ。睡くとも休まずに、元一つの理のために働かしてもらうという心でやり切らねばならぬのであります。

老年になった人は、これまでにせんど苦労もし難儀も通ってきていて身が持たぬものだから、少しは休ましてもらわにゃ体が持たぬというて休む。それにいまの青年は、その真似はするが、自らいんねんの上から尽くす果たす、働くということはしない。これが二代目三代目の跡を嗣いでゆくというようなことではどうする。この道で生まれ、この道の中で大きくしてもらっていながら、そして教会の飯を食い潰《つぶ》してばかりいて、布教に力を入れぬようなことではどうする。それで神様の道を通っているということが言われるか。神様神様と言うてはうまいことを並べてみても、また信徒をつかまえては尽くせと言うてみても、教会にいる青年が、本当に御教祖のことをも思わず、神様の尊さも考えず、毎日、食ってたれて睡っているようなことでは、あまりに神様に対して申し訳ないことだと思う。そして日々にやっていることと言えば、教会のことなどは少しも考えず、自分の家の都合のよいこと、自分の勝手のよいほうにと、そんなことのみを頭に入れて仕事をしている。そんなことをしていて、教会の理が盛んになりそうなはずがないのであります。そんな者は、教会のために尽くしているのでなくして、教会を食い潰しているのであります。

こんな調子では「一代という、二代目嗣ぎ合い、嗣ぎ目がむつかしい」という神様のお言葉が思われてならぬのであります。で、何もないところから丹精して土地を買い、家を建て、多少にしても財産を残しておいても、子の代になって寝て遊んでいては、見ている間にも、そんなわずかのものぐらいは食い潰してしまわにゃならぬ日が出てくるのでありますが、財産をなくすることの罪よりも、親のために、親の名を穢《けが》した罪はどれほど大きいものとも分からぬのであります。裸体《はだか》になってしまってから、「困ったなあ」と言わねばならぬ日が出てくるに違いないのであります。

それでは後悔する時機が遅過ぎる。そうなってから、いくら泣いても、わめいても、再び取り返しのつかぬことになってしまう。で、親が尽くした心を嗣いで働いてゆけば、立派な家もできる。旦那《だんな》様にもなれるが、この道でも、それと同じことで、二代目、三代目の跡を取る青年の心の持ち方一つで、一家の存亡に関するのみならず、実に、この大きい天の理を潰してしまうかどうかという、大きいことになってくるのであります。（中略）

初代の人は、言えば手本を書いたようなもので、その手本を書くまでにはなかなかの骨折りではいかん。が、いまの道は手本はできた。墨も紙も筆も用意がしてある。ただ手を持って真似して、習ってゆけばよいのではないか。それにできていないとは、一体何をしていたのか訳が分からないではないか。威張るのみが道ではない。着飾るのみが道ではない。元々何もないところから今日の日を見るまでに、どういう心でできてきたかということを心に就《つ》けて絶えず活動してゆけば、支教会が分教会に、分教会が教会にというふうに盛大になり、昇格してゆくことは五年、十年たたなくともできてくる。青年会にしても、年々に会員が増えてこにゃならぬはずであります。

それに一遍《ぺん》発会式をしてしまえばそれでよいことのように思うて居睡《いねむ》ってしまっているから、五年たっても、十年たっても会員は百より増えてこない。この調子でゆけば年々の中《うち》には死んでゆく人だけ減ってゆくということになってしまう。婦人会のほうでは年々に増えていっているのに、青年会はその足元にも寄りつけないようなことでは、あんまり心細過ぎると思うのであります。

何でも皆様に、一つ大きい活動をしていただかねばならぬのであります。婦人会は大分先にできているのでありますから、ここ二年や三年の間に追いつくことはできまいとしても、そこそこの仕事をして追いつくだけのことはしてほしい。

で、どうか御教祖、御本席および管長公の御心を心として、片時もそのもとの始まりの苦労の理を忘れず、若い者から先に立って働いていただきたいと思うのであります。故《ふる》い人たちはもうそれまでに、せんど仕事をしてきて疲れ果てているのでありますから、故い人は休ませてあげておけばよい。その代わりに、若い者が二倍三倍の働きをしていただかんければ、とても大神様（注、親神様）の御心に報ゆる道は立つまいと思うのであります。

この四十年祭を一つの節として、皆の者が心を一致にして働く上にも働いて、これでよいのだというような心は微塵《みじん》も持たず貫いてくださるよう、切にお願いしておきます。

（『みちのとも』大正十二年九月五日号）

教会の意義とその使命

小野靖彦

一

さてまた一般教会は、行政法規や、本教の教規規程に定められたる表面上の条件を具備し、これを地方庁に出願して、その許可を受けたるのみを以《もっ》て、教会たるの素質を完全に備え得たるかと申しますれば、決してそうではありません。いわゆる形式的の設備ならびに手続きは、これを以て遺憾なしとすることができるでありましょうが、教会の本体たるべき神様は、すべて本部――ぢばにおいて、その理を頂かねばならぬのであります。（中略）

さればまた神言に、「ぢば一つ同じ木」（おさしづ　明治二十一年七月二十六日）と仰せられて、本部と一般教会との関係を、根幹と、枝葉《しよう》とに例えてお諭しくだされたのであります。故に教会を組織する信徒なり、役員なり、会長は、よろしく教祖ひながたの道を踏み、以て所々における、手本雛形《ひながた》の人となら ねばなりません。しかして相共《あいとも》に、一手一つの理を体験して、教会精神の発《はっ》揚《よう》に努めるところなくばなりません。

二

しからば教会精神とは、何を意味するか、言うまでもなく神一条の道を伝えて、たすけ一条を心とするのであります。この故に教会の使命とするところは、「おたすけ」の道場たらしめ、他は理を立てて、理をあらわすにあるのであります。これが使命を全うせんとするには、第一に教会をして陽気なところとなさしめねばなりません。教会は晴れ渡った大空のように、一点の曇りもなく、晴々《すがすが》しい気分に溢《あふ》れているべきであります。

心うっとしいてはどうもならん。うっとしい日には何をすれども速やかなる事出けん。（中略）又晴天の日の心を以て何事もすれば、晴天というものは何をすれども、速やかな事が出けるものである。世界中曇り無けねば気も晴れる。速やかなるものである。（明治二十一年八月九日）と神託せられたるがごとく、教会としての使命を完全に遂行せんとするには、教会を組織する人々が、まず奥底より晴天の心になるべきであります。もしも陰鬱《いんうつ》な気分に蔽《おお》われているようでは、決して「何をすれども速やか」なることはできないのであります。

次は信徒を育てゆくことで、教会はただ新しき信徒を得るを以て、その目的とするばかりではなく、既に入信せる信徒に、常に成人の道を講ぜねばなりません。あたかも慈母の赤子におけるがごとく、所属信徒を補育し、十分教理を説き諭して、なるほどの人たらしむべく、絶えず指導の任に当たるべきでありましょう。

第三は教会の道具を作ることであります。「粗い事するものもあれば、細かい事するものもある」（明治三十一年三月二十六日）と神言に宣《のたま》われてありますから、教会は神意を現成する上において、それぞれ所用の道具を備え作ることが必要であります。わけても「おたすけ人数《にんず》」を得ることと、教師の養成とを緊要とするのであります。もし、この二者を欲するがまにまに、得ることを得ないとすれば、その第二の要件たる「仕込み」の足らぬに基因を求めねばなりません。教会がその使命に活躍するには、しょせんは「道具」の力に藉《か》らねばならぬのでありますから、この二者を得ると否《いな》とは、直ちに教会の生命に繋《かか》ることが頗《すこぶ》る多いのであります。

以上は、教会がその使命とする内的のものについて述べたのでありますが、しかしいまだ、これのみを以て満足することができません。何となれば、宗教は社会を離れて存立の意義を有しません。教会また社会組織の上にあらわれた、一の団体でありますから、教会はまた教会の主義精神のもとに、活社会との接触を完全にし、広義の「たすけ」を行わねばなりません。すなわちその第一は、天理生活の実現であります。天理生活とは、現実の生活をそのままに天理教の主義化せしめるの謂《いい》であります。換言せば、お道の精神をあらゆる各方面に拡充させ、現社会を向上せしむる不断の努力であります。

在来「おたすけ」なる神言は、身上の救済にのみ偏していたように考えられます。もちろん「この道は身上からつきくるまで」とも「身上救《たす》けるが教えの台」とも仰せられて、この救済のゆるがせにすべからざるは、言をまたないのであります。この故に私は前節に、教会をして「おたすけ」の道場たらしめよと申したのであります。しかしながら「おたすけ」なる神言は、さらに広義に悟らせていただくべき要があるようにも思われます。この広義の「たすけ」がまた、教会が外的に使命を果たすこととなるのであります。とかくお道の中には、「道」と「世界並み」との区別が明瞭すぎるほど、明らかにする人があります。この差別的考えがあるために、その結果は信仰者をことごとく教会生活の人たらしめるか、さもなくば伝道生活の人たらしめようとします。それは「一列隔て無いは、教祖《おやさま》の道と言う」（明治三十三年十二月四日）と仰せくだされたお言葉に、まったく反するように思われてなりません。「大き川越そと思えば、大きい心持たにゃ越せん」（明治三十年八月二十日）とのお言葉のように、如上《じょじょう》の偏狭な考えを捨てて、複雑極まる人生を救済せんとする努力が、大いに必要であります。（中略）

要は教会は、神一条に立脚して、たすけ一条を任務とするのでありますから、この精神を体して、本来の使命に生きられんことを欲するのであります。かくて初めて、本教の教会が嶄然《ざんぜん》として、その特色を発揮することができるのでありましょう。

（『みちのとも』大正十三年十二月二十日号「一般教会の意義とその使命（二）」より）

教理と時代の推移

山澤爲次

一

絶対普遍の真理は、時間空間を超越したものでなければならない。それは時間の如何《いかん》にかかわらず絶対であり、空間の如何にかかわらず普遍であることを要する。

こうした論法よりすれば、いま私に提供された「教理と時代の推移」という課題は、意義《ベドイツング》の無いものと言わなければならない。何となれば、世界最後《だめ》の教えとして説かれたる、わが天理の真理性は、いたずらに時間（時代）に拘泥《こうでい》し、空間（周囲）に束縛さるべきものでなく、それ自身において永劫《えいごう》の光を高く翳《かざ》せるものたるを信ずるが故に。

「預言者故郷に容《い》れられず」ということは、よく言われることであるが、真理の吐露者は常に時代を超越し、周囲を超越していると思う。見よ！　御教祖が初めてわが天理の御教《みおし》えを宣布されしその時代とその周囲とを。しかしてさらに顧みよ！　わが先輩諸先生の信念とその殉教の態度とを。そは時代に拘泥せず、周囲に束縛されざるのみならず、むしろ時代と闘い、周囲と闘われたる尊き記録《レコード》でなくして何であろう。

しかも時代の固陋《ころう》、周囲の頑迷をよそにして、わが天理の真理性、教理の絶対普遍性は、着々と如実に実証されつつあるではないか。かくてわが教理は、それ自身において永劫の生命を有しているのだ。時代に迎合し、周囲に迎合するの必要は毛頭だにない。

ここにおいて、教理は時代の推移によりて、左右さるべきものではないという一般論を生むに至る。

二

しかし、私はこれを他の方面から論ずることによって、課題者の私への注文を満足させねばならない。すなわち、それは教理をその実体《サブスタンス》についてのみ考えずに、その様相《モード》について考えるということである。一の実体《サブスタンス》も様相《モード》の上から見れば千変万化の形相を有する。教理もその中心は一つなるも、説き方は種々多々たり得る。しかしてこうした性質が時代に反映し、周囲に反映するに至る現象をば、見逃してはならない。

同じ富士山でも、画家の見る富士山、歌詠みの見る富士山、科学者の見る富士山等種々多々あって、しかもその表現の仕方、説明の仕方が異なっている。同じ教理でも、哲学者、芸術家、法律家、商売人等によって、各自その捉《とら》えどころが異なっているのではなかろうか。すなわち、その人たちの生活様式ないし性格教養等の如何によって、教理に対する感じ方、見方、悟り方が異なっているのではなかろうか。従って、これらの相手によって、私たちの教理の説き方も、おのずから異なるのは当然であると思う。相手の生活様式ないし性格教養に応じて、その人に最も感じやすい、見やすい、悟りやすい説き方をする必要がある。しかして、いかなる人にも説ける教理たるところに、わが教理の絶対普遍性がますます光を放たなければならない。

「お道は仮名の教えでなければならない」と仰せられたことは、決して忘れてはならない。しかし、だからと言って平々凡々たる常識ずくめの教理をのみ口にし、少しでも哲学じみたこと、法律じみたことを聞くと、それは理屈だと相手にしないほど狭量なのでは、知識階級の人々が馬鹿にしてかかるのも無理はない。

というと、「だから御教祖は、学者金持ち後回しとおっしゃったのだ」と、さも得意満面になって主張する人があろうが、こうした人にこそ、「教理と時代の推移」ということを考えさすべきである。

三

いままでのお道は、主として無知識階級への宣教が主であった。しかし、時代の推移はいつまでもかかる宣教状態たるを許さないのではないか。教理の絶対普遍性をば、やがて学者金持ちに対しても悟得せしめなければならない時が来たのではないか。

富士山を、いつまでも歌でばかり詠んでいたのではならない。絵にも描いて見せ、科学的にも説明してみせる必要がある。教理を、いつまでも常識ずくめで判断していたのではならない。哲学的にも説明し、芸術的にも表現し、法律的にも解釈する必要がある。それとも、哲学、芸術、法律は人生に無意義であり、信仰に有害であるとでも言うのか。それならば宜《よろ》しく、哲学者たり、芸術家たり、法律家たる者を、社会より追放すべきであり、神の御国《みくに》より葬るべきである。

しかし、わが教理は、かくも狭苦しきものであってよいのか。否《いな》、依然として絶対普遍の価値を所有せるものたることを信ずる。ここには、哲学的価値、芸術的価値、法律的価値、その他すべての価値が包含されているものと信ずる。

「お道は仮名の教えでなければならない」とは、哲学的価値、芸術的価値、法律的価値、その他すべての価値を包含しないということではないと思う。否、お道にこそ、真にこれらの諸価値が具現されているとの謂《いい》であろうと思う。彼ら哲学者、芸術家、法律家の探しあぐんでいる価値も、お道においては立派に指示されているとの謂であろうと思う。さればこそ「お道は仮名の教えでなければならない」ということが力強く叫ばれ得るのだ。

四

この間『不二《ふじ》』という雑誌に、倉田百三《くらたひゃくぞう》氏が「みかぐら歌を読む」という所論を載せておられるのを読んだ。氏は文芸家にして、しかも哲学的思索に富んだ人たるは衆知のことだと思う。

氏の所論を読んで、私は私自身に深く顧みさせられるところが少なからずあることを知った。教理の価値関係《ウエルト、ベチーウング》と価値判断《ウエルト、ウルタイル》とについては、私はかつて本誌上に「宗教と教義」と題して論じたことがあるから、いま改めて繰り返すことはしないが、氏の所論を読んだ時の私の偽らざる告白は「ダイヤモンドたるわが教祖の光は、氏によって磨きを掛けられた」ということである。

私たちは、教理のありがたいことはよく知っている。そしてそれに対する信仰も強いであろう。しかし、ともすればありがたい教理を持ち腐らしているようなことはないだろうか。私の深く顧みさせられたというのは、この点である。

「掘れ！　わが教理は掘れば掘るほど味が出てくる。光り輝く」。こうした感じが、その後絶えず私の頭を往来している。「哲学という道具、芸術という道具、法律という道具で掘れるだけ掘るんだ。そこにこそ教理に真の艶《つや》を見いだささなければならない」。こんなことも考える。

教理は、生命《いのち》そのものとして胸から胸に伝えられなければならない。しかし、眼から眼へ、耳から耳へ、手から手へ、頭から頭へ伝えられる教理もなければ、せっかく生命そのものとして胸から胸に伝えられた教理も、その糧《かて》を失って、遂に枯渇《こかつ》してしまう恐れがある。これは極めて抽象的な言い方ではあるが、要するに、いくら信者を作り得ても、育て損じている人は、その具体的の例であると思う。

五

お道の盛大となるにつれて、その周囲もますます広くなってきた。時代の推移は尚々《なおなお》私たちをいかなる周囲に導くかも分からない。時代と共に、周囲も日々刻々と変化しつつある。社会の進化は止《や》むところを知らない。

この際に処して、私たちは依然として正宗《まさむね》の名刀の持ち腐りをしているようなことがあれば、御教祖に対して誠に申し訳ない次第だ。教理も時代の推移につれて、絶えず磨きを掛けねばならない。ジッと仕舞い込んで、塵《ちり》だらけにしたり、錆《さび》だらけにしていてはならない。

よく切れる正宗の名刀ならば、できるだけ、その切れ味を試してみたいではないか。（中略）時には石をも岩をも真《ま》二つにしたいではないか。頑固な学者金持ちにも眼にもの見せてくれてほしいじゃないか。荒れ狂う社会諸問題をも、一刀両断の下に解決つけたいじゃないか。

いわんや、いまや海外布教の霊鐘《れいしょう》を耳にしては、正宗の名刀はいよいよもって鞘《さや》に収める暇だにない思いがする。絶対普遍の教理がいまや千変万化の様相《モード》において、全活動を始むべきの秋《とき》である。

人にばかりケシかけている場合じゃない。いかなる様相《モード》においてでも構わない。教理の実際を大いに宣揚しなければならない。

私は、四十年祭が済んでからのほうが、気忙《きぜわ》しい思いがする。何となく気が落ちつかない。真に世直りの秋《とき》でなければならない。いま、神風《しんぷう》は強い勢いつ進むのだ。お互いで吹いている。この時に帆を揚げて進まなければ、いつ進むのだ。お互い年頭において、御教祖の四十年祭を迎送したこの大正十五年こそ、この期を外《はず》せば、神にとって最も意義ある年ではないか。時代は推移する。この期を外せば、神風はもはや遠くに進んでしまうのだ。「道に放《はな》れる心なくとも、道おくれたら暗がり同然」と、神様は仰せられたじゃないか。

帆を揚げよう。いや、皆が何と言っても私は帆を揚げたい。波風の荒いのは覚悟の上だ。

（『みちのとも』大正十五年三月二十日号）

神様に抱かれて

諸井慶五郎

御教祖のお言葉、御本席のお口を通じて、われわれに下されたお言葉は、天のお言葉、神様のお言葉である。神様のお言葉であるから、われわれは絶対の信仰を持たねばならんことは言うまでもない。親の言うことを子供が守るのは親を信じるからである。元の親である神様のお言葉には、われわれは何ら自分の心を交えずに聞かしていただかなければならん。神様のお言葉、教祖のお言葉に反対する人はないが、時々悟り違いをする人がある。この道の御教理はごく簡単なお言葉で表現してあるが故に、この道の根本を知るためには、このお言葉の精神をより多く、より深く、より大きく悟って、誠真実の心をもって実行してゆかなければならん。つまり、悟りの如何《いかん》によって理を生かすか、失うかということになるのである。

これを分かりやすい例えにして言えば、近ごろ畑に青々としているあの麦でも、最初に種蒔《ま》きするとき農夫はその種を選ぶ。そして同じ状態のもとにこれを蒔くのであるが、同じように蒔いても同じように生えるのもあれば生えないのもある。また、同じように生えても順調に育つのもあれば、虫などに害《やら》れて途中で枯れるのもある。

われわれも同じように道を守り、同じように道を通り、同じように話を聞いているのである。あたかもこの麦と同じように、日本全国端々《はしばし》の教会で話す御教理も、このおぢばで聞くお話も別段変わりはない。教理の淵源《えんげん》は元のぢばにあるのである。ただ、おぢばにいる間に真実の理を植えつけて、いままでの聞いた教理に錦を着せて帰らねばならん。理を潰《つぶ》さぬよう、理を生かすも殺すも皆様の心がけ一つである。同じ先生の講義を聞いても、ある人はそれをより以上に生かせて聞く、ある人はいい加減に聞く、その間に非常な理の相違ができてくる。その精神の持ちよう如何によっては、尊い半年のぢば生活の理を全然潰すようなことにもなる。そこが非常に難しい。

日々の心のつなぎ、これが最も大切なことである。この理をつなぐということは、身をもって尽くす、実行するということである。神様は、われわれにできないことはおっしゃらぬ。

御神言に「神というものは付き合いよいもの、、人の心程《ほど》難しいものは無い」（おさしづ　明治四十年四月十日）と仰せられてある。私は、神様ほど正直なものはない、そして人間ほど不正直なものはないと思う。このコップの水を逆にすれば水は下に落ちる。これは神様のはたらきである。神様の御守護もその通りである。神様のお心に従ってさえいたら、われわれの願う通りに神様は働いてくださる。私の願いを聞いてくださるかしらん？　というように神様のお働きくださることに疑いをもつような態度は、自己の心に不正直なところがあるからである。間違いないと信ずるところは正直なのである。

また、神様は恐ろしいものではない。神様は恐れずに、抱かれなければならん。赤ん坊が親に抱かれるとき、這《は》っていけば親はきっと抱いてくれると信じるから、親の傍《そば》へやってゆく。何でもすがるという決心なら、神様は抱いてくださる。神様を怖がらず、慕ってゆかなければ、子供可愛《かわい》いの神様のお心に反する。神様の御前《おんまえ》にひれふす態度は、子供が親に抱かれるときの気持ちでなければならぬ。けれども、あまり親しみ過ぎて礼になれてはならん。どこまでも神様、親様《おやさま》（注、教祖）として、敬虔《けいけん》な態度は忘れてはならぬ。

（『みちのとも』大正十五年四月五日号）

教理書を心読せよ

深谷德郎

教理を解釈したり注釈したりした、いわゆる派生的の書物を読むことも悪いことではないが、それよりもむしろ、おふでさきやおさしづのような本教の根幹的教理の書かれたものを多くの人々が心読し、これに直接親しみを持つことによって、その中に流れている貴《たっと》いものを見いだし、新しい生命を与えられることを、自分は切に望むものである。

もっとも教理書を心読することについては種々の機能があるが、まずその一つは、心読ということは言葉の裏に存在する精神を見いだすことである。言い換えれば、その言葉の中に神の真意を探り当てることである。殊に教理書には、折にふれ事に当たりて、それらの事象に対する神の心が多く表現されているために、教理書を読むに当たって、多くの場合、その事実や条項に捉《とら》われたり、または字句に拘泥《こうでい》して動きのとれぬ偏狭に陥り、従って、神の啓示さるる本当の精神を忘れやすい傾きがしばしばあるようである。故に、それがために字句の裏に潜在せる正しき神意を、正当に把捉《はそく》すべき心読の必要があるのである。

しかしその心読も、教理書に表現されている雑多な事実の中から類似点を捕捉して、統一した概念を構成することではない。われわれが心読によって得んと欲するものは、右のごときものではなくして、その事実に潜める意義を知り、その意義の中に神の真理と道理とが隠約せられていることを観《み》ることである。すなわちそれは決して事実にのみ固定した真理ではなく、また事実の類型にのみ固着した真理でもない。すなわち、それは時間と空間に捉われない変通自在の理であると同時に、また、時と所とに即して発展成長してゆく力であるということを会得することである。

教理書は決して智識や理論の書ではない。それは力であり、生命であるべきである。すなわち人の世を動かすところの一つの大きな力であり、人間社会を改造するところの生命にほかならないのである。故に、われわれが教理書を心読するにつれて、神の意志なるものは決して固定的なものでなく、恒《つね》に無限に進化発展するものとなることを知ると同時に、その力と生命とに接し得るのである。かくして、御教祖の人格は決して静的なものでなく、動的に未来に向かって働いていることをわれわれは感得し、絶えず新しく進化する生命を接受することができるのである。

次に教理書を心読するいま一つの大きな機能は、教理書によって自己の心を読むことである。言い換えれば、自分自身の心を作るということである。すなわち自己創造であり、自己の神性を発揮することである。われわれは教理書に貫通せる神の心に接することによって、表面に醜《みにく》い穢《けが》らわしい罪悪が充《み》ちているわれわれの小我の心から、漸次《ぜんじ》自我を深く掘り下げてゆくのである。すなわち、われ自らを教理化してゆくことである。

かくのごとくにしてわれわれは、すべての人々の心、万人の心を貫いている大我の境地に入ってゆくのである。しかしてこの大我の境地、すなわち絶対無我の境に入ってこそ、われわれは初めて、そこに永遠の生命を備えたる道念や、美《うる》わしく輝く愛のこころや、尊い真実のこころを見いだし、奇《く》しき尊き光に欣《よろこ》び浸《ひた》ることができるのである。かくして初めて、われわれは御教祖にまで到達し得らるるのである。

シュライエル・マッヘルというドイツの有名な宗教学者は、こんなことを言っている。すなわち「聖経典なるものは、いずれも皆宗教の墳墓《ふんぼ》である。かつては偉大なる精神が宿っていたが、いまは空《むな》しく昔を語る記念碑たるに過ぎぬ。経典を信ずる者が宗教を有する者ではなくて、むしろこれを要せずして却《かえ》って自らこれを創《つく》り得る者が宗教を有する者である」と言っているが、これは必ずしも経典が不必要であるという浅薄《あさはか》な意味で言っているのではなくて、経典を形式化し固定化するからである。すなわち言い換えれば、経典を心読せぬからである。

教理書の聖典たる所以《ゆえん》は、それが教祖によって書かれたものであるからとか、教祖によって啓示されたものであるから尊いのではなくて、われわれがそれを心読して、その中に絶えず新しく流れている生命と力とを見いだし、それを自己の中に取り入れてこそ、初めて聖典の聖典たる所以があり、そこに尊い意義があるのである。

故に、われわれは飽《あ》くまでも教理書を心読して、深く「根を掘って」ゆかねばならないのである。これ吾人《ごじん》が教理書の心読を提唱する所以である。

（『みちのとも』昭和二年四月二十日号）

教祖の理を見つめよ

宮森與三郎

天理教におきましては、お話の台とするところは教祖のひながた、かしもの・かりもの、八つのほこり、それからいんねんを果たすというところに帰着するのであります。教祖のひながたの道が分からんようでは、なんにも分からん。教祖は一般の手本ひながたであって、教祖をはなれてしまっては、なんにも分からん。天理教というものは成り立たない。教祖の理を取り次いでこそ、天理教の人といえる。教祖の理が分からんようでは、なんにも分からん。それでは世界並みや。たとえ教祖の百分の一でも、千分の一でも、足跡《あしあと》をふましてもろうて初めて教祖のひながたの道を通ったといえる。教祖の理が分からんようでは、まったくどうもならん。（中略）

そこで、天理教では教祖の誠である。教祖が五十年間の長い年月、誠を以《もっ》てお通りくだされた、この尊い誠が今日の天理教であります。教祖が谷底へ落ち切ってくだされて、この道をおつけくだされたのや。その教祖の誠が分からんようではしようがない。

誠というものは、心と口と行いと、この三つそろわにゃ誠やございません。誠の話をするくらいの人は世界を探してごらん、竹把《さらい》でかき集めるほどある。いくら誠なことを言うても、それを実行せねば誠やございません。それは口だけの誠や。教祖はこの三つが、ちゃんとそろってあらせられたのや。それで今日の道になってきたのや。この道では話一条が、おたすけの台とおっしゃる。

それで人間は八千八度《たび》生まれ替わり、死に替わりして、種々《いろいろ》なものに生まれてきた。すなわち、鳥類や畜類にだんだんと変化してきたのでございます。だから、どんな真似《まね》でもできる。おぼえた通り、その通りの真似をすることができる。

で、皆さんも誠の人にならなければなりません。ああなるほどの人や、ああ真実な人や、誠のある人やと、世間の人から言われるようにならなければならん。信仰をさしてもらっても役に立たん。

誠というのは四方正面とおっしゃる。縦から見ても、横から見てもなるほどの人やというは誠や。誠なこと言うていても、行わねば誠の人やございません。人間でも、よい家に住んで、よいものを着ておれば、あの人は立派な人やという。ほかから見て立派でも、心の中に埃《ほこり》が充満《いっぱい》入ってはどうもならん。家にしましても、外から見て立派でも、中へ入ってみれば牛小屋か馬小屋のようでは、ごもくで一ぱい積んであってはどうもならぬ。外から見ても内から見ても、真に立派や、というのが誠である。衛生をなんぼやかましく言うても、一方では病の製造をしていては何にもなりません。口でどれほど誠なことを言うても、誠なことをせなかったら、それは誠やございません。

教祖は「わがことと思うてしたらみんなわがものになるのや。人のことやと思うてしたら、みんな人のものになってしまうのや」とたびたび仰せられました。人のことと思うから、どうしてあげる、こうしてあげるというのでしょう。そやから天理教では「もらう」ということになってこなければ、いんねんは果たされん。百姓するにも、商売するにも、職するにも、なるほど神様の御守護を頂いてお世話さしてもらう、どうしてもらう、こうしてもらうというて暮らさしてもらうのでしょう。世界並みは「やろう」という。こうしてやろう、ああしてやる、こうしてやる。天理教では「もらう」という。もらうとやろうというところに帰着する。

そこで天理教では高天原《たかまがはら》は一番低い所にあるのや。それが教祖のひながたの道である。低い所へはみんな物が集まってくる。高い所へは物は集まってこない。そやから、やわらかやさしい温かい、低い心で通らしてもらうのである。そうして、温かい低い親心で布教に出してもらわねばならん。三度行くところは五度行き、五度行くところは十遍も二十遍もやらしてもろうて、親切に運ばしてもろうてこそ、反対でも味方になる。反対が味方になるくらいやから、だんだんと勇んでくるようになってくるのであります。

（『みちのとも』昭和二年十月二十日号「いんねんを果《はた》す道」より）

道はたすけ一条の精神が台

村田慶蔵

御神言にも、「そばが勇めば神も勇む」と仰せられてあります通り、われわれ子供たちが親様《おやさま》（注、教祖）のお望みに添い奉《たてまつ》り、誰一人として逆らうことなく勇ませていただくことならば、親神様も、「ああ、よくその精神になってくれた。この永い間、お前たちが皆そろうてその精神になってくれるのを、どんなに楽しみにして待っていたことであろう。さあその精神にさえなれば神も勇んでやろう、勇んで働いてやろう」と仰せくださるのでありま す。子も勇み親も勇む。ここにこそ、われわれの成人の道があり、親様の御理想達成の道がある訳であります。

皆が皆、親様の思召《おぼしめし》に添うて喜び勇ませていただくのがお道の本真の姿でありま す。しかして、われわれは今日、この本真の姿に立ち返ることができたのです。神様から「しっかりやれ、神も勇んで働いてやる」とのお言葉を頂けたのです。何という大きな力でしょう。われわれはいま、絶対のお力に限りなくお縋《すが》りさしていただく、絶好の旬に臨んでいるのであります。

と申しますのは、ほかでもありません。前日の本部員会議で本部員一同が、「立教百年祭には日本人全部を精神的に更生さして神様に喜んでいただこう」と、講習会で打ち出したのでありますが、それにはただ、ぢばからの理を流すだけでなく、本部員一同が勤めの余暇を利用して、布教線上に立たせていただこう」と決議いたしました時、管長様（注、二代真柱様）は「皆がその精神なら、わしも布教に行く」と仰せられたのであります。

管長様はお道の真柱様であり、神様の御名代《ごみょうだい》であります。管長様のお言葉は、神様のお言葉であります。皆々が心を一つに寄せて勇んで働かせていただこうという精神をお受け取りくださって、神様が「それなら、わしも働いてやろう」と仰せられたのであります。何と愉快《ゆかい》なことではありませんか。神様も、布教線上に勇んでくださるのであります。われわれは布教線に勇躍し給う親様のお姿を拝しつつ、働かせていただくのであります。思うても痛快なことです。全天理教を挙げて活躍する檜舞台《ひのき》は出来上がりました。本部総動員だけではありません。まさに天理教総動員の秋《とき》であります。

神様は、「情に流れなよ〳〵、情に流れては人間の道や、神の道とは言えよまい」と仰せられます。さなきだに神のようぼくとして召され、結構な神様の道に働かせていただくわれわれは、たとえ人間心、案じ心の渦巻く中にありましても、理の目標《めどう》を失うことなく、理を頼りとして進ませていただかねばならぬものを、まして結構な神様のお言葉に接し得た今日、歓喜に躍ることはあっても、いまさら思い返したり、考え直したりしていられるはずはなかろうと思います。

「御教祖おかくれ後四十年たって、ようやく五百万の信徒を結成し得たのだ。それに僅々《きんきん》五年余りで、あとの七千万人からを全部信仰にひき入れるなどとは、あまりにも空想だ。どうしてできるものか」と思う人もありましょう。しかし、こんなことを考えている人は、既に道に遅れている人であります。情に流されている人であります。情に流されていては、道の仕事はできませんし、また神様のようぼくたる資格もないのであります。もとより、この大きな仕事が、か弱い人間の力でできるわけのものではなく、神様の大きなお力をお借り申さねばならぬのでありますから、さしていただくわれわれが、何の疑いもなく、親様のお言葉通りに働かしていただけばいいのであります。われわれが、心からそうした精神にさえさしていただくことなら、後は神様がお働きくださって、できてくるのであります。（中略）

親様は温かい親心から、「お前たちには楽しみを見せてやろう」と仰せられるのであります。また、お前たちには難儀をささぬとさえ仰せられるのでありますます。もちろん、御教祖おひながたの道は、御苦労に始まり、御苦労に終わっているのでありますが、親様はわれわれに、この苦労の道を通れと仰せられているのではありません。親様はそんな小さい思召ではないのであります。親様おひながたの道は、人をたすける道をお教えくだされたのであります。

こうした慈悲限りない親心を拝察さしていただけば、本当にわれわれは勇まねばなりませぬ。わがことを忘れて、ようぼくたる者の勤めを果たさねばなりませぬ。人間考えからすれば、おたすけに出さしていただくのも結構やが、それでは一方のつとめが十分にできそうにないと思われましょう。けれども、それは根本から考え違いをしているのであります。たすけ一条に精進さしていただけば、わがことはおのずから成ってくるのがこの道であります。

言うまでもなく、この道は世界万人たすけの道でありまして、それをお急《せ》き込みになるばかりに、また道の子供たちに難儀さきぬばかりに、親様はご定命《じょうみょう》をお縮めくださっているのでありまして、道の根本精神は、どこまでも「たすけ一条」でなければなりません。事実、昔の道の姿はどこを眺めましても、こうした純真な姿に活《い》きていたのであります。

ところが信者が増える、教会の数が増加するというようになってから――もちろん、そこには時代の相違もありましょう――事務的なつとめに頭を使うようになって、上になるほど、こうした雰囲気が濃厚になってきたのであります。そして、忘れたのではありますまいが、「おたすけ」の観念が薄らいできたのでありました。人間のつとめを第一として、神様の御用をおろそかにしてきたのであります。しかも、その「つとめ」純然たる事務にすらなろうとし、その中には、道の精神が甚《はなは》だ稀薄《きはく》になってきたのであります。

われわれは、親様のお望みは何であるかを思わねばなりません。道の根本精神は何であるかを思わねばなりませぬ。たすけ一条の精神が第一義であります。たすけ一条が元となってこそ、事務が生じてくるのですから、第一義たるたすけ一条の精神を忘却して、第二義たる事務に没頭しなければならぬ道理はありません。

と申しまして、この「つとめ」は全然やめることはできないのでありますから、つとめに布教精神を高調してゆくということが、本然の姿であり、はたまた今日の旬に応じた動き方でありましょう。一人の信徒に接しましても、布教精神で応接いたしますことが、いかに大きな反響をもたらすかは思いに余るものがありましょう。その人から受ける、やわらか、やさしい態度に感激した一信徒の喜びは、決してその信者一人の喜びとなってしまうものではありません。

「さすがに親里だ、さすがに理の親だ、あそこが、われわれの生まれ故郷なんだ、ああ結構なところである、ありがたいところである」と、その人の感激は多数の人へ移されてゆくのであります。これが何よりも大きなにをいがけであります。あるいは形の上では何も認めるところがないかもしれません。けれども精神的に、無形的に、確かに大きな仕事であると思います。また、かくあらねばならないのであります。

（『みちのとも』昭和六年二月五日号）

聞かせていただいたままに

永尾芳枝

私が子供のころ、御教祖様は親しく次のようなお話を聞かせてくださったことがございます。

「わが身のことは一せつ思うな。わが身どうなっても構わぬ、人に喜ばすよう、人を大切にするような心にならなければいかんで。着物は箪笥《たんす》の抽斗《ひきだし》へ一枚でも余計に入れておくようなことはいかんで。旬々のものさえあればそれでよい。旬々に着るものなければ、袷《あわせ》を単物《ひとえもの》、単物を袷にして通るような心にならなければいかんで」と仰せくださいました。

子供のことでありますから、別に何の深い感じもなく、ただ「はい」とお答えしただけでございます。いまから考えてみますと、女は着物をあるが上にも欲しがるもので、いろいろ着飾りたいのが普通でしょうけれども、そうした世界並みに流れないように、私の将来をお戒めくだされたものと悟らせていただくのでございます。

娘持つ親の常といたしまして、私が大きく成長させていただくのを見て、私の母も着物の心配をしてくれました。呉服屋さんが回ってくるたびごとに、私の母はどれを買うてやろうかと、いろいろよさそうな反物をさがしてくれたものでありますが、私は妙にどんな着物もほしくなりませんでした。これは幼時、「庄屋敷《しょやしき》の神様」すなわち御教祖様から聞かせていただいたお言葉が、胸にあったからでございましょう。いつも着物はいらんと、すげなく断りを言うておりました。

両親に連れられて五人の家族がお屋敷へ寄せていただいたのは、明治十五年の旧二月八日でございまして、私の十七歳の年でございました。御承知の通り、その年の秋には大節がありまして、警察のほうから人を寄せてはならんという厳しい取り締まりがございました。当時のお屋敷は間狭《まぜま》であるばかりでなく、まことに寂しいもので、生活の余裕というてもさらにない窮困時代でございました。

私は十七歳になっておりましたが、丸身の着物は一枚もないような始末でありまして、松恵様《まつゑ》（注、秀司様夫人）のお出直しに際し、形見分けに銘仙《めいせん》と木綿の袷を二枚頂戴したのが丸身のはじめでございました。当時、私の母は私のみすぼらしい姿を見て、「着物をこしらえてやろうと言うた時にこしらえておけばできたものを。いまはどうしようこうしようと思うても、できんやないか」と、私に小言を言うたこともございました。別に私が何とも思わないにしても、親の目から見れば、どんな気がしたであろうかと考えるのでございます。

明治十六年旧十二月のはじめ、私の母は身上を頂いて十五日ごろから寝床ずまいをいたしました。心では十分な世話をしたいのは山々でありましたが、赤貧洗うような時代でありましたから、どうすることもできませんでした。

床について三日目に、母が小二階の下に休んでいるところへ父が参りまして、枕辺に座って、「お里《さと》、神様のお言葉をもらってやるから、神様のお言葉をまもらにゃいかんで」と申しまして、扇の伺いをしてくれたのでございます。その時、神様は「さあ〳〵日々の子供を難儀さす、不自由さす、可哀《かわい》相《そう》で見ておられん。こんなんやったら櫟本《いちのもと》から来なければよかった。櫟本に居りさえすれば子供に難儀も苦労もさすこといらんのに、櫟本に居りゃ大工職こそしておれ、田地《でんじ》持ちでいうたら二町や三町の田地持ちの得があるのに、こんなんやったら来なければよかった。……日々に子のことはすっきり忘れてしまえ、何も夢にも子のことは思わぬ。先になったら難儀したい、不自由したいと言うても、神難儀ささんで不自由ささんで」と仰せくだされたのでございます。

神様がお退《ひ》きになってから、母は「ただいま神様のお言葉通りの心を持っておりましたが、神様の仰せられるように、子供のことをすっきり忘れてしまいます」とお詫《わ》び申しました。すると父が、「お里、そんなこと分かってある。乗り込んだ限り、俺は日々目ふさいで通っている。日々考えておったら通られん。さんげせい」と話しておったことを覚えております。

夜分のことですから、私は母の介抱を兼ねて静かに聞いておりましたが、父の心や母の気持ちが十分に分からなかったのを、ただいま思い出すにつけても申し訳のないことと存じます。おかげさまで、母は三日目にすっきり御守護を頂いて床をはなれ、炊事なんかの手伝いをさせていただけるようになったのでございます。

それから数年を経て、明治二十年旧二月十七日から、父が御本席とならせていただくについて、父の身上が今か後かのような重体に陥ることが再三ございました。忘れもいたしません、同月の二十三日の晩、仲田のおかじさんがお越しくだされたので、しばらく留守を頼んで、父には隣のさんぞうさんのところへお風呂をもらいに行くというて、母が私を連れて家を出たのであります。お風呂に入れてもらうというのは口実でありまして、母が私を連れ出しましたのは、私に「乞食になる」決心をさせるためでございました。
「父もあんなに身上がせまっているから、今日中にもむつかしいやろう。神様でもなくなられたことを思えば、明朝まで一晩保《も》とうまい。もしかの場合には、晩のうちに頭光寺《ずこうじ》へ親子四人で葬って、葬祭を済ませたその足で、河《かわ》内《ち》の方面へ乞食に行こう。櫟本へは二度と帰れないから、河内へ四人そろうて乞食に出かける精神になってくれないか」と母から頼まれたのでございます。――なぜ二度と櫟本へ帰れないと言うたかと申しますれば、次のような事情があったのでございます。これより先、お道一条の精神を定めて櫟本から お屋敷へ越してまいります時、近所の人たちからいろいろなだめられ、「乞食する覚悟があれば行きなさい。あんなところへ行って何が見込みがありますか」と止められましたが、その中を押し切ってまいったからでございます。――もちろん、私は母の説に心よく承知いたしましたので、すぐ父のところへもどりました。

いま、当時の母の心を察しますと、どんなにか悲壮な決心であっただろうかと、涙ぐましい気持ちがいたします。こうした事どもはなかなか忘れられないもので、年限たつにつれて御教祖様は申すに及ばず、両親の苦労なすったことが、はっきり感じさせていただくようになりました。

神様のお言葉に「年限のうちは、どんな道も通らにゃならん、通さにゃならん」、また「事情は修理肥と言うて置こう。これ分からねば風の便りに伝えて居るも同じ事、ほんにあれだけ尽《つく》せばこうのう無くばならん。……尽したゞけは、何処《どこ》からなりと出て来る程に。さあ尽し損にならんで」（おさしづ明治三十二年四月十三日）と仰せられてありますが、大正二年一月二十七日から数年の間、ちょっとしたことがもとで、言うに言えない、泣くに泣けないような事情が起こったことがございます。これは私の一生を通じて最も苦しかった道中であろうと思います。

こうした苦しいどん底にあって思い出すのは、御教祖様の御道すがら、また、そのお言葉でございます。「日々麦御飯にトミソガラ（醤油《しょうゆ》の実）を食べて暮らしておっても、人様につきあう時には鯛《たい》の焼き物で日々食べて暮らしているような顔つきで、人を大切にせにゃいかんで」と聞かせていただいておりますので、自分がどんな苦しい道を通っておりましても、日々の生活に困窮しておりましても、できるだけ人様に満足を与えようと力《つと》めることができました。こうして自分自身が苦労の道を実際に通らしていただきますと、一層御教祖様や親たちの御苦労くだされたことが、心の底に沁《し》み通るように感ずるのでございます。

（『よのもと』第二号　昭和六年二月）

幾重の道を通り来て

中川庫吉

月島に布教して

月島《つきしま》へ布教に出さしていただいたのは、明治四十一年十二月十二日であって、月島通りの二階を借りて、東本《とうほん》からは布団二枚と火鉢一個、神様を頂いて布教を開始した。毎日一食と決めて空《す》き腹をかかえながら、知らぬ人の家に歩かしてもらって、厳寒の折、火鉢に火とて十分に入れることができないありさまで、いままでの生活がとてもありがたく感じ、いままでの教会生活を不足にしたり、道を不足にしたことがしみじみ申し訳ないというさんげの気持ちで通らしていただいたが、ある炭屋《すみや》の御家内の乳癌《がん》、にをいが掛かりたすかっていただいて、炭一俵をお供えしていただいた時こそ、まったく天に昇るような喜びを感じたのであります。

また、あるシジミ売りの家におたすけに行ったが、その家は理の聞き分けがとても良くて、日々苦しい中を、利益の幾割かをお供えくだされたのには、血の出るような金であることを知り、日々私はさんげをして通っていました。

また、その家の裏にいる人の子供が、急性肺炎で悪いので、おたすけに行ったとき、その子供の父親が、私の話が気にいらないと言いざま、天秤棒《てんびんぼう》で私をなぐりに来ましたが、電気の蓋《かさ》に当たり、そのかけらが子供の全身に振りかかったので、なおも一層立腹して、今度はげんこつで私の頭を殴りつけました。逃げることも抵抗することも忘れて、いままでの自分の気短《きみじか》で人を殴ったり、けんか好きであったことを思い出し、そのお返しであるとさんげして、お詫《わ》びをして帰宅しました。この時、私の気持ちは、生まれて初めてのすがすがしさになり、人を殴ったり、けんかをして勝ったときより、たんのうしてお詫びすることのほうが、どのくらい自分に良い気持ちであるかを、初めて知ったのであります。

ところが不思議なことには、その殴った方は、右半身不随になってしまい、おたすけを受けるようになったのであります。私は、この方が初めてたんのうの精神の喜びを知らしてくれた恩人であるので、恩人をたすけさしていただく心で日々熱心に運びました。不幸にも子供は出直しましたが、その父はたすかり、夫婦共に熱心ににをいがけをしてくれまして、布教の上に大きな功を積んでくだされたのであります。ここに至って、種々と実地布教のありがたさを知ったわけであり、また神様のありがたさが真に身にしみてまいりました。

それから二階では不自由であるため、四十二年三月、本通《ほんどおり》九丁目に、六畳と三畳との二軒長屋に移転をし、信徒も相当できたが、土地の反対者が猛烈のために、参拝者は至って少なく、月五円の家賃も思うように支払うことができず、かえって二階借りのときよりも苦しさが増加してきました。しかし真の苦しみはこれからと思い、お湯には三年間入らないと神にお誓いし、毎朝冷水をあびることにした。

また、おたすけのにをいが、集談所よりも遠く離れた土地に掛かるので、乗り物とても十分でなし、毎日六里七里と歩いてゆくのには、つくづく自分がこれまで親不孝をしてきたために、近くに道がつかないのであるとさんげをし、また家賃に困ることは、上級につとめが足りないのであるとさとり、夜分のおつとめ後、東本へ三里歩いて、その日のおさいせんを持参したのであります。

この時代に本芝《ほんしば》の初代会長である白木原《しろきはら》氏が、私の集談所に来てくだされて、共に布教をしてくださることになったのであります。

苦しい生活のため、二人で話し合って、火の入ったものは頂かないと決心をして、大根とか、ねぎ、にんじんを塩につけて頂いて通ったのであります。

約半年間は、こうした日を送りましたが、この当時もちろん身体《からだ》はやせてきますし、遠方に歩いてゆくので、ふらふらにはなりますが、おたすけやおさとしは不思議に見事に当たりまして、信徒の顔さえ見れば、さんげをしていただかなくても、ひとりでによく分かり、こちらから話すと、申し訳ありませんと言ってお詫びし、おたすけもどしどし上がってまいりました。それは面白いほどでしたが、それでまた移転をして、今度は家賃十一円の家を借りて、これからという時に、ある事情のため、私は上級の会長様の御命令に不足をして断ったのであります。すると私のほうの役員で一番熱心な方が、やはり私と意見合わず、遂に出直しされてしまったのであります。なんと鮮やかなお仕込みではございませんか。それからというものは、また信徒がいずみだして、元の苦しい生活に入るようになったのであります。もう大丈夫と思ったのも束の間、すぐさま私の心のいずみから熱心な人を殺してしまい、生活は苦しくなり、二銭の炭の小買い、家賃は言うまでもなく、五銭十銭のお米買いが始まったのであります。しかし三月ほどしていよいよ困って、家財道具を全部売り払う決心をしたのでありましたが、三日の後に五十円のお供えがありました。まるで夢のようでありましたが、それに手をつけると種《たね》を食うことになると、いつも母から仕込まれていますので、すぐさま上級に運んでしまいました。

こうしたことからぼつぼつ信徒が復活をしてきまして、いよいよ教会設置の話が持ち上がり、少し無理でしたが、本阪《ほんさか》会長明山《あけやま》氏、白木原氏の尽力で出願の手続きが終わったのは、四十二年の暮れでありました。

教会設置後の失敗の数々

四十一年に布教して四十二年の暮れに設置の運びをなし、翌年すなわち四十三年の十月に奉告祭を執行さしていただきました。ふつつかな私の力では、とてもこうして早く教会の理を許していただけないのですが、母のおかげ、明山、白木原氏などの尽力であります。もともと理のないのに教会を許していただいたのですから、教会の経営にはひとかたならぬ苦心があり、教会としてのつとめが上級にできませんので、つい日々のお仕込みも忘れて人間考えを出し、また母から、いつもお叱《しか》りを受けていたのであります。

時には、妹や弟が上級教会の母のもとにいるのに、自分はこうして苦しんでいくことに対して、心を遣ったりしたこともありました。母に対して、実の母に対する態度でなく、理の親としての態度でいくのも、いまでこそ、十分その理合いが分からしていただきましたが、その当時、青年として心から喜んで受けることができなかったのであります。

こうして二年は過ぎまして、四十五年三月に、東海岸の六百坪の土地を物色して移転をしました。その時には、おかげさまで二十人の入り込み人がありました。この時にふと私が考えましたことは、この人々に月給取りをさせて、教会の維持を持たせることでありました。早速実行してみますと、月々確実に多数の金額が入り、教会も大変楽になってまいりましたので、自分は良い考えをしたつもりでおりました。

信徒からのつくしはこびやおたすけは、どうしてもこちらの思うようにはいきませんでしたが、宣教所としては楽にゆけるのでそのまま通ってきまして、教会も新築をなし、海水浴をするのに最も適していたのでありました。

大正になってからも、教会の客室道具もおいおいそろってきまして、外面から見た時は、立派な宣教所となっていたのであります。

このまま楽々通っていましたならば、いまはどうなっていることでしょう。いま考えても恐ろしいことであります。せっかく苦しんだ理もつぶれ、また母の通った道をもつぶしてしまう。まったく親不幸の庫吉となっていたのでありました。しかし、親神様はどこまでも御慈愛でありました。また母の信仰のおかげであります。わが子をわが子としないで、他人の子供と同じく部下と同様、否《いな》、特に厳しく仕込んでくだされたおかげであります。

同六年十月一日夜中の二時に、大津波がやって来たのであります。夜中の二時です。その時の騒ぎはまったく大変でした。入り込み人は全部先に出して、私は親神様のお供《とも》して教会を出、一丁ほど先の洋館の二階のはしご段に手をかけると同時でした。教会は、大きな波とともに形を消したのであります。

なんと理は正しいものではありませんか。人間考えでやっと立派に出来上がった教会は、見事十分間もたたないで形を失《な》くしてしまったのであります。残ったものは三尺角の場所に内柱が二本、太鼓と台所の道具が少しでありました。そして、教会の付近の死人は四十人ほどでした。教会の人々の生存はまったく夢のごとくに感じられ、親神様に深く感謝をして、これまでの心得違いを真にさんげをして、また一からたすけ一条の上よりすべてさしていただくと、堅く決心をしたのであります。

教会本部から松村先生、増野先生がお見舞金を持ってお出ましくだされ、「ならん中からやるのがこの道や、よく思案しなされ」とのお言葉を頂き、非常な力を得たのであります。

ご本部はじめ、各教会、また東本の教会の人々からお見舞金を頂いたのは、約五千円ほどでした。それを母が預かっておいてやると、東本にお持ちになりました。

なお教会は、付近の家を修繕して十二月の十日ごろに布教を開始したが、信徒のある者は、津波でたすかるのが教会なのに、流されてしまうような教会には参拝できないと、道から落ちてしまったのであります。日ごろから理で仕込んであれば、こうしたことはないのですが、人間考えの教会でしたから、これは当然であります。そこで入り込み人を一時それぞれ布教に出し、教会は私夫婦に子供二人、女学生一人、都合五人で、淋しい教会になっていました。

それに大晦日《おおみそか》になってきましたので、大工の支払いやふしんに大変金をかけてありますので、借金を返すため、上級の母のもとに先日預けた金を頂きに行きましたが、母に一言のもとにはねつけられ、そんな汚い心でどうするか、お前はまだそんな信仰かと、さんざん叱られて、帰ってきたのであります。

それから八方に手を尽くして、やっと二十五円入りましたが、これでは焼け石に水です。ならんなか立て切るのが道だとのお言葉を思い出して、三十一日の朝、二十五円を上級に運んでしまって、一日上級でつとめ、神様に借金取りが来ないようにとお願いして、元旦祭を終えて教会に帰った時は、不思議に借金取りは来なかったそうです。

それに無一文の教会に、元旦祭には立派な御神饌物《しんせん》が供えてあり、お餅《もち》がたくさんあるので不思議に思い、家内に聞いてみましたところ、昨日十円供えた信徒があったそうで、申し訳ないがそれでさしてもらったとのことで、私はまったく感涙に咽《むせ》んでお雑煮を頂きました。

それからというものは、上級への理立てを先にして通りましたが、おかげさまで信徒も復活をしてくれ、また新しい信徒も理の上から仕込んでいましたので、教会も賑《にぎ》やかになり、入り込み人も増加して、借金はいつのまにかなくなって教会らしくなってきました。

なお、私が上級につとめに出ていますと、留守の教会が忙しく、おたすけ人も無駄がありませんが、そんなに忙しいのなら教会にいたほうがよいと、上級につとめないと、その日は暇であるといった具合に、そのことが何回も同じく繰り返しますので、親に尽くす理の尊さをしみじみ知らしていただきました。

母の信仰の一片

(前略)母はどんな人でも、これは駄目だとか、あれはいけないと言って捨てるようなことは、決してされなかったように思います。その人々をすべて、理の上に使われたことであります。そしてどんな人でも理の人々に仕上げられた点には、いつも感謝している次第であります。

次に、仕込みは実に厳重でありまして、理の上から厳しく、特に見込みのある人には特にひどかったようでありまして、その当時、会長に叱られたならば、叱られた人は受けるだけの精神ができたからお叱りくださるのだと言って喜び、また他の人々はその方をうらやましがったものであります。たまにほめられると悲観したそうです。まだ精神ができていないから会長さんはお仕込みくださらない、と言って悲しんだのです。

しかし今日、そうした人々を見ますと、会長から厳しく叱られた人々は皆立派な教会長になっておられますが、ほめられた人々は出直したり、また振るわない教会でおられますことを見るにつけ、母の仕込みに対して敬意を表し、不足した私はさんげに堪《た》えない次第であります。

（『みちのとも』昭和六年三月五日号）

おさしづに現れたる「お屋敷の理」

桝井孝四郎

序

「お屋敷の理」は実に尊いものである。そしてまた、実に意味深長なものである。われわれの信仰は「お屋敷の理」を度外視しては、ないと言ってよい。いわゆる「中山五番屋敷」こそは、世界に今一つとない元のぢばなるそのお屋敷である。

この「お屋敷の理」について、おさしづに現れている範囲において述べさせていただきます。もちろん完全なものでないことは言うまでもない。「お屋敷の理」というか、「ぢばの理」というか、「鏡屋敷の理」というか、こうした方面の研究の一端であるのみである。（略）

第一節

まず最初に、御教祖様が、お屋敷に関して仰せくだされたというお言葉を、もちろん口伝として残っているものでありますが、心に浮かぶままに二、三書かせていただきます。

(一) いかなる願いもかなえてやろ

「おやしきの土を踏んだならば、いかなる願いごともかなえてやろ」

これは御教祖様が仰せくださいましたお言葉である。実にありがたいお言葉ではないか。ここに、われわれがお屋敷に対するあらゆる願いごとのめどうとして、参集してくる所以《ゆえん》がある。このお言葉こそ、親心の溢《あふ》れてある温かみのあるお言葉ではないか。いかにも手を拡《ひろ》げて、親里へ帰ってくる子供を親神様がお待ちくだされていられるお姿が、ありあり目の前に浮かぶがごとき思いをさせられますお言葉ではないでしょうか。

これでなくては、親里や、ぢばやと言って、千里二千里の道も遠しとせず、帰ってくる者が誰あろう。いかにもこのお屋敷にこそ、われわれ人間を、否《いな》、元ない世界ない人間をお拵《こしら》えくださいました、その親神様のおわしますお屋敷であるということが、ありありとあのお言葉によって伺われるのである。このお屋敷こそ、実に尊い理のある所である。この尊い理のあるぢば、すなわち、われわれの親神なる天理王命様の神名を付せられているところである。

（二）しょうのある屋敷

「しょうのある屋敷やさかいにしょうやしきという」

このお言葉も御教祖様の仰せくだされたお言葉である。しょうのあるとのそのしょうは生（うまれるの意）とも解されるのである。また正とも解されるのである。前者であるとするならば、このお屋敷こそ、生まれ故郷なるお屋敷である。後者に解するならば、正しい正味というか、混じり気のない真実の正味というか、とにかく正のお屋敷であるに違いはない。いずれにしても、世界に二つとないしょうのあるお屋敷である。実に尊い理の伏せ込まれてあるお屋敷である。いかにもお屋敷の尊さが伺われるお言葉である。

（三）中山五番屋敷は連れて行けまい

「私や、人間を連れて行くことはできても、中山五番屋敷は連れて行けまいやろう、そこで大きな台を造るのや」

これも御教祖様のお言葉である。御教祖様が警察などに御苦労くださいました時のことを仰せくだされてあるので、人間身上は連れていこうと思えば、どこへでも連れてはいかれようが、中山五番屋敷というそのお屋敷は連れてもいかれようまい。人間力ではどうもできようまいと仰せくだされて、お屋敷の尊い、重い理のあることを仰せくだされてあるのである。これこそ、どうすることもできないものである。

しかもそこに、大きな台を造るのや、大きな台、すなわち、かんろだいが、この中山五番屋敷という、このお屋敷にできるのやとの仰せである。この尊い理のある屋敷こそ、中山五番屋敷である。もともと人間をお拵えくだされた元のお屋敷なのである。ぢばである。われわれ子供たちの帰ってゆく唯一の親里なのである。

第二節

お屋敷に関するおさしづを、ここに挙げておきました。もちろん、これが全部であるという訳ではありません。

（二）陽気屋敷

「このやしき勤め何と思うて居る。心真《ま》ぁ直《す》ぐ極楽やしき、陽気やしき」（おさしづ　明治三十一年九月二十五日）

この屋敷に勤めておる者は、なんと思うている。もともとない人間をお拵えくだされましたのは、このお屋敷である。そしてその人間をお拵えくださいましたその神様の御意志は、人間を拵えて、人間が陽気ぐらしをするのを見て神も楽しもうというのが、神様の人間をお拵えくだされました最初の御意志であった。であるから、この世に神の御意志によって生まれてきた人間は、陽気でなくてはならないことはもちろんである。

ましてや、このお屋敷に勤めさせていただいておる者こそは、なんと思うている。いくら陽気に暮らすのが神の御意志であっても、しかも、いくらその人間をお拵えくださいました、その本元なるそのお屋敷に住まわしていただいておりましても、心の使いよう如何《いかん》では、必ずしも陽気であるとも言えるものではない。神様のお心に添うその心、すなわち「心真ぁ直ぐ」でなくてはならないのである。その心で勤めさしてもろうて初めて、見るもの聞くもの、これ皆楽しい美しいものでないものはないのである。その世界こそ極楽世界、陽気な世界である。このお屋敷に勤めさしてもろうておる者こそは、「心真ぁ直ぐ」でなくてはならない。従って、お屋敷は極楽屋敷でなくてはならない。陽気屋敷でなくてはならないのである。

(二) 心通り現われる屋敷

「どのような不自由さそう、難儀さそうというような親は無い。なれど鏡やしき、心通り現《あら》われる」　（明治二十七年二月十四日）

人間は皆神の可愛《かわい》い子供である。子供である以上は、親なる神様がわれわれ人間に、不自由をさせて困らそう、難儀をさせて苦しめようという心は毛頭ないはずである。のに困っておる苦しんでおる人があるとするならば、その人は自らわが身を困らせた人であり、わが心を苦しめておる人である。

人間は皆神の子供であるということは、お屋敷に住んでおる者も同様に神の子供である。一様に同じことである。お屋敷に住んでおるから、より以上に神様の愛が多いかというに決して左様《そう》でない。いかにお屋敷に住んでおる者であるといえども、それは心通りである。わが身の心通りに、鏡に映るがごとくに、現れるものである。神が強いて困らそうという意思があって、現れるのではない。善きも悪《あ》しきもわが身の映る姿は、わが身の心通りである。鏡は公平であるごとく、神様も公平である。殊《こと》に鏡屋敷に住もうておる者は、なおさら心をよくして、立派な姿を映さなくてはならないものである。

(三)　鏡屋敷から打ち出す言葉は天の言葉

「鏡やしきから打ち出す言葉は、天の言葉である程に。理を恐れず、あんな事言う、あんな事と思えば、あんな事になる。めん〳〵身上もあんな事になる程に〳〵。この一つの理を諭し置こう〳〵」

(明治三十二年二月二日)

鏡屋敷なるこのお屋敷には、動かすことのできない実に尊い重い理があるとともに、このお屋敷は人間心のない、混じり気のないすきとおったものである。

「人間の事情以《もっ》て運べば、鏡やしき庄屋敷《しょやしき》とは言えまい」

(明治二十三年九月二十六日)

とあるように、鏡屋敷である以上は、実に清らかな、鏡のごときというか、人間考えのない、要するに公平なること神のごときという、それが鏡屋敷である。それがおぢばであり、お屋敷である。

であるから、この尊い重い理のあるお屋敷から打ち出されたる言葉は、実にそれこそ天の言葉とも言うべき、すなわち神の言葉でなくてはならないのである。神の言葉、天の言葉であるならば、神の子たるわれわれ、どうしてそれに従わずにおられようか。のにその重い理のある神の言葉をも、ただ単なるあんな言葉、あんなことと思うてしまうならば、そのありがたい言葉も、なんの価値のないものになってしまうのである。それのみか、その重い理を恐れず、その理を踏みつけにした理は、やがてはわが身に返って、あんなことと思ったように、わが身もあんなことになってしまうのである。あんなつまらない言葉とけなした、すなわちお屋敷の尊い理をけなしたその身も、つまらないあんなことになってしまうのは当然のことである。

めんめん人間はどこからできてきたのでもない、あのお屋敷なる、おぢばなる、天理王命様の御意志によって生まれてきたものである。子が親を否定してわが身の存在のあろうはずがない。元一つの理なる、お屋敷おぢばの理なくして、わが身のあろうはずがない。実に尊い理でなくてはならないのである。人間誰一人として、このお屋敷から打ち出された声を、この声を誰が打ち消すことができようぞ。これこそ元人間をお拵えくだされました元なる神のその声なのである。

（四）四方正面鏡屋敷

「鏡やしき濁りた心は持たん。黒きは黒き、白きは白き、赤きは赤きが映る」（明治三十年七月七日）

お屋敷に住んでおる者は、濁った心を持ってはならないのである。濁った心使いをしておるならば、すぐとそれは鏡に映るがごとくに現れるのである。鏡に向かえば、黒いものは黒く映るものであり、白いものは白く、赤いものは赤く映るものであるごとく、人間の心使い行いもその通り映るものである。であるから、

「鏡一つの理が四方正面」（明治三十年七月七日）

とのお言葉のごとく、お屋敷ではいかなる所においても、鏡一つの理でその

まま映るのである。その行いその心使いそのまま映るのである。従って四方正面である。裏もなければ表もないのである。一様に映るのである。

「ぢばも鏡なら、世上も鏡、世上の理も映れば、ぢばの曇りも皆映る」

（明治三十年二月一日）

お屋敷は鏡やしきであるが、「世上は鏡」と、世界も鏡であることはこれまでからも常に人の口にされているところである。鏡屋敷ということは、お屋敷にいる者の行いのみが映る鏡屋敷ということではない。世上の理も映る鏡屋敷である。神様はお屋敷のみの神様ではない。従って、見抜き見通しであるという言葉は、お屋敷のみの見抜き見通しでなく、世界中あらゆる隅々《すみずみ》までもその通りである。であるから、世上の事々も映ってくる鏡屋敷であるとともに、世上世界も鏡である。なれば、ぢばの事柄も世上世界に映るのである。お屋敷が白ければ白く映るのである。黒ければ黒く映るのである。

「このやしき、四方正面、鏡やしきである。来たいと思ても、来《き》られんやしき。来た者に往《い》ねとは言わん、来《こ》ん者に来いとは言わん」

（明治二十年四月二十三日）

このお屋敷は結構なる所である。であるからといって、お屋敷に入り込もうと思うても、わが自由に入れていただくことのできないお屋敷である。入れていただこうとするには、それだけのいんねんがなくては入れていただけないのである。這入《はい》ることのできるいんねんの者であるか否かの過去の道すがらは、鏡のごとくに、よく神様に映っているのである。従ってその裁断は、神様にのみなされ得るのである。すなわち、入れていただこうと思うても、神様のお許しがなければ入ることのできない屋敷である。

が、お屋敷に入れていただいている者でも、神様は帰れとはおっしゃらないのである。この道は、めいめいの心の道であるからである。しかし、わが心の道であるだけに、神様はたとえ帰れとは仰せにはならないのであるが、心使いがそれに添わなければ、わが身ひとりで帰ってゆかなくてはならないようにもなる。また、来ない者には、無理に来いとは仰せにならないのである。そこはめいめいの心次第ではあるが、来るいんねんのある者であるならば、来ずにはいられないのである。

このお屋敷は、四方正面鏡屋敷として、皆映っているのである。

（五） 安心さす屋敷

「このやしきというはどうでも安心さし、人を安心さゝにゃならんが台である。満足させば世界から集まる。満足させば治めにゃならん、治まらにゃならん。満足無くば、表で運んで蔭《かげ》で一つこんな事と言う。蔭日《ひ》向《なた》ありては鏡やしきとは言えん」（明治二十六年十一月二十六日）

このお屋敷に住んでいる者は、どうしてもお互いに人を安心させにゃならんものである。でなければ、結構なる親里であるお屋敷に住んでいるとは言えない。これが一番になさなくてはならないことである。心の安心これが土台である。心の安心がゆけば心の満足である。心の満足ということが、世界の誰しも願っているところである。すれば、お屋敷へ帰れば心の満足の得られる所であることが分かれば、世界からおのずから集まってくる。

ところで、満足をさせるについては、事情のあるようなことでは満足とは言えない。ある事情なれば治めてもやらにゃならんし、治めもせにゃならん。この心に満足ということがなければ、いくら表《うわ》べで運んだところが、いくら表面では働いていながら、こんなことと、我《わ》がやりながら陰でけなすことになる。満足がなければ心から物事をすることができない。このように、身と心と二つになっているようでは、やっていながら裏表があるようでは、結構なる鏡屋敷に住まわしていただいていながら、その甲斐《かい》がない。それでは鏡屋敷の理を消してしまう。

（六）八町四方のお屋敷

「年限だん〳〵重なれば、八町四方に成る事分からん」

（明治二十七年十一月十七日）

お屋敷もまだこのおさしづのあった当時は、狭いものであった。まだまだ狭いお屋敷ではあるが、年限がたち、信者も増すに従って、だんだんに広くなってゆくのである。このお屋敷が八町四方にも取り拡げられることがあるのである。お道の大きくなるにつれて、お屋敷の拡張も、八町四方にもされるのである。

「一里四方宿屋もせにゃならんと言う。一里四方も未《ま》だ狭いなあ、とも言うてある」

（明治二十六年二月六日）

信者はだんだんに増して、帰参者も日ごとに増してお屋敷は八町四方にもなる。従って、参拝者の寝泊まりをする宿屋もたくさんにできて、一里四方宿屋が軒を並べるということにもなる。誠にお道の初めは草深い片田舎であった。三十戸そこそこである庄屋敷であった。それがお屋敷だけでも八町四方にもなり、一里四方宿屋もせにゃならんと仰せくだされるような、大きな都会にもなるのである。これは何のためでもない。尊いぢばの理、今一つとないお屋敷なるが故である。

（『みちのとも』昭和七年六月五日号）

教長様お出直し前後の模様

山澤爲造

明治四十三年、前管長様（注、初代真柱様）が俗に言う首切《くびきり》ようを患われた時のことであります。御母堂様（注、初代真柱夫人たまへ様）はじめ、本部員一同の心配は一通りでなく、皆、先の寿命を縮めていただいても御守護いただきたいと、まったく命懸けでお願いづとめを何回となく勤めさしていただきました。秀司先生の際に身代わりに立ち損ねた私たちは、今度こそはと、心に決めさしていただきました。

それはまったく鮮やかな御守護でありました。恐らく一命むずかしいと言われた恐ろしい病も、見事治ったのであります。

それから五年を経て、大正三年、今度は背中にようが出ました。しかし、前のことを思えばそれほど危ないこともなく、前の鮮やかすぎるくらいの御守護を見ていた私たちには、幾分心の安らかさがあったのであります。

多年の宿願、天理教の一派独立もなり、御神殿の新築もでき、教勢の見るべきものはいよいよこれからという時ですから、楽観はしているものの、私たちの心配は一通りや二通りではありません。相談の結果、再び本部員一同が寿命を縮めてのお願いづとめを、何回も何回もさしていただきました。しかし、一同の願いも叶《かな》わず大正三年十二月、とうとうお出直しになったのであります。

皆泣きました。私は、親の死別に会《お》うて、その悲しみは知っていましたが、管長様とお別れした時は、それ以上の悲しみでありました。

泣いてはいましたけれども、一同の心は確かであります。

「神様の仰せられたことは必ず実現する。千に一つも違いはないのだ。今日は大きな節だ。しかし、この節から芽が出るのだ」

と心勇んで、めいめいの勤めに励ましていただいたのであります。

およそ、節に臨むと、正味と粕《かす》とが分けられるものであります。節は、道の「とうし」であるとも申せましょう。道は結構、ありがたいと言うて、何の苦しみも、何のつらい目にも会わずに、楽々に通っていたのでは、値打ちがないのであります。節に出会い、そこでうんと腹を据えて一働きさしていただいてこそ、末代ゆるぎない徳を積ませていただけるのであります。

身上は神様からの借りものであります。年を取ればお返しせねばならん日があるのは当然であります。しかし、末代に残るものは楽々の中を通って与えられるものではなく、苦しい、つらい目の中に神様から与えられるのであります。これが末代に光る理であり、徳であります。

話が横にそれました。元に戻りまして、管長様お出直し後、摂行者を拝命した私でありましたが、最初の間は、祝詞《のりと》を上げるたびに涙が出て仕方がありませんでした。今日こそは立派に祝詞を上げさしていただこうと思いつつも、さてその場になりますと、おのずから目が曇り、声が震えてまいりました。

いよいよ明日は、二十年祭を勤めさしていただきます。

決して泣くまいと思ってはいますけれども、さてどうなるやら。御教祖殿も新築さしていただき、神殿も増築中の旬の理の目まぐるしい今日の姿を思いますと、長く生かしていただいて、この結構を見さしていただくありがたさに、多難の中にお出直しになり、今日の基礎をお築きくだされた管長様を思い出すなと言うのが無理でしょう。

（『みちのとも』昭和八年十二月五日号）

真にたすかる道

鴻田利吉

神様の仰せくださいますにも、人間は一人暮らしでは埃《ほこり》は付かん、人と人と互いに寄り合《お》うて暮らす、その中で埃を付けたのである。人はどうでもよい、我《われ》の都合のよいようにして、すなわち身びいき、身勝手の心使いをして、人を苦しめたり、人に難儀をさせたりした理が、病気、病難、不事災難の原因となり、元となるのであります。

さすれば埃が付いたその元は、人を相手として埃を付けたのであるから、今度わが身の苦しいところをたすけていただこうと思えば、わが身のたすかる思案を後にして、人をたすける心使いを先にして、たすけ一条の心になり、その通り返しをするから、つまりわが身たすかるという理になってくるのであります。それで皆様も御承知の御教祖様には、人間として真のたすかる道をお説きくだされ、またその上に、ひながたの道までお示しくだされたのであります。

御教祖様御年《おんとし》四十一歳という世帯盛りの身を以《もっ》て神のやしろとおなり遊ばされ、世の難渋な人々をおたすけくだされ、ために中山家のたくさんな財産をことごとく施し遊ばされて貧のどん底に落ち切られ、世上の人々から阿呆《あほう》の人や、馬鹿者よとあざけられ、あんな阿呆の人も世の中にもう一人とあろうか、阿呆のそこぬけというたらおみきさんのことやとまで言われて、お通りくだされたのでございます。

普通の人間でありましたならば、これで黙って忍んでおられましょうか。決して忍んではおられないのであります。

しかるに御教祖様は、どう仰せられておられましたか。

分からん子供が分からんのやない。親の教《おしえ》が届かんのや。親の教が、隅《すみ》々《ずみ》まで届いたなら、子供の成人が分かるであろ。

(『稿本天理教教祖伝逸話篇』一九六「子供の成人」)

かように仰せくださいまして、繰り返し繰り返しお聞かせくださいましたお陰によって、分からん者も分かり、たすからん人もだんだんたすかるという教えを、今日見せていただくことができたのであります。

そうしてまた仰せらるるには、

今はなあ阿呆々々と言うて人は笑《わろ》うているけれど、後になったらこの阿呆の鏡に写しに来るような日ができてくるのやで。

と仰せくださいましたそうです。

どうでありますか。今日、この多くの人々が、なんでも御教祖様のみあしあとを通らしていただきたい、どうか万分の一でもひながたを踏ましてもらいたいというて、どれだけたくさんな人が親里慕《しと》うて帰り来るようになってまいりましたでしょうか。

また、そのころ、だんだん多くの人が御教祖様、親神様というて親里慕うて帰り来るについては、警官が出張いたしまして、お参りに来る信徒を差し留め、ここは参り所でないのになんでお参りをするかと言うては信徒を追い返し、また一方、御教祖様に対して、お前ももともと百姓ではないか、百姓なら田を耕してお米の一つでも作るようにしておれば、飯米《はんまい》に不自由もすることらないし、また人からも笑われることもいらんのに、なんでそんなつまらぬことをするのか、馬鹿なやつじゃ、やめよやめよと責めつけられ、時には科料をとられ、あるいは拘留に処せられ、また監獄までも御苦労なしくだされたのであります。

しかるに、御教祖様にはどう仰せられましたか。

いかように仰せくださいましょうとも、私としてはこのおたすけばかりはどういたしましてもやめることできませぬ。私がこれをやめましては世界の子供をたすけることができません。だからやめませぬ。

と仰せ給《たも》うて突っ張られたのであります。

この堅きご決心、この強固なるご精神でお通りくださいましたならこそ、今日この盛大なる御教《みおし》えを見せていただくことができたのであります。

(『みちのとも』昭和十年九月二十日号「ひながたの道を憶《おも》う」より)

ひながたの道を思う

島村國治郎

先輩の先生方の通られた道は、いかなる道であったのでありましょうか。その人の御いんねんによって、おのおの異なった道すがらのあられたことはもちろんのことでありますが、しかしながらお道すがらの中に、一貫した御信仰を見いだすことができるのであります。

一　身上や事情をたすけていただいたありがたさに感激して、恩報じの働きをしなくてはならぬという精神の強かったこと

二　神のようぼくとして、理をつくるために日々常々に神の御教《みおし》えを守り、おさしづを堅く守って通られたこと

三　人に聞かすためのみの信仰でなくして、自分の心に理を修め、ひながたの理を映す教えであるという上から、実行本位の御信念でお通りくださ

れたこと

四　道のためにわが身わが家を忘れて、この身は果たしてなりとも一つの理を残さにゃならぬという上から、たすけ一条のため懸命にお働きくだされたこと

五　教祖様ひながたの道の万分の一なりとも踏ましていただかにゃならぬという御信仰から、苦難の節に出合っても精神倒すことなく欣《よろこ》び勇んで感謝して通られたこと

などを追想さしていただくことができるのであります。

今日でこそ、お互いわれわれがお道を信仰さしていただくにしても、教祖様が見えぬ先から仰せくだされたお言葉がだんだん見えてきているし、このおぢばの規模を目の当たり見さしていただいているのであります。また、道の結構も、先々楽しい道であるということも分からしていただくのでありますが、御教祖様御在世時代はどうであったか。お屋敷は貧のどん底に陥られまして、その日その日の御生活にさえ御不自由遊ばされるおありさまで、建物とても、今日から見れば想像もできないほどのみすぼらしい建物であった

のであります。何の楽しみもなく、殊《こと》に世上世界の罵詈讒謗《ばりざんぼう》、迫害干渉の激しい、暗闇同様の時代であったのであります。

その上、お道を信仰するがために村人友人から笑われそしられ、なかには絶交されるというような中から、神様のお声一つを頼りとして道を通られたということは、もとより教祖様のお徳に引き寄せられたことはもちろんのことでありますが、当時先生方の御信仰が、いかに欲のない澄み切ったものであったかということを、学ばしていただくことができるのであります。

信仰の弱いわが身信心であれば、御教祖の御苦労くださるたびごとに精神をいずましして、道をやめる人もできてくるのでありますが、各霊様《みたまさま》らは世上世界からの反対攻撃迫害が加えられれば加えられるほど、殉道《じゅんどう》の精神は熾烈《しれつ》を加えていったことなどを考えますと、いま、世界の風評や一家の事情、教会のわずかな節にも精神を倒したり、不足を言ったり、愚痴《ぐち》をこぼしておるのとは大なる相違でありまして、当時、先生方の御信念がいかに強固であったかということに、おのずと頭が下がるのであります。

そうして、こうした先生方の御信仰はどこから培われたかと申しますと、皆、親様《おやさま》（注、教祖）の御苦労の理によって育てられたのであります。

されば私たちは、古い先生方の御信仰に心打たれるとともに、それをかくあらしめ給《たも》うた親様御苦労の理に、深く思いを致さねばならないのであります。

おふでさきの中より、二、三のお歌を拝読さしていただきますれば、

いちれつのこともがかハいそれゆへに
いろ〳〵心つくしきるなり　（四　63）

月日にハせかいぢうハみなわが子
かハいゝばいこれが一ちよ　（十七　16）

にんけんのわが子をもうもをなぢ事
こわきあふなきみちをあんぢる　（七　9）

とも、また、

なにもかもしらずにくらすこの子共
神のめへにハいぢらき事　（三　94）

とも仰せくだされてあります通り、世上の子供らが何事も知らずに谷底に落

ちて悩み苦しんだり、また何事も運命であるからと言って無理にあきらめをつけておりますさまを御覧遊ばされまして、可哀相《かわいそう》でならん、早くかしもの・かりもの、いんねん一条の理を説いて聞かして、たすけてやらねばならぬ、という切ない親心から、教祖様は月日のやしろとして五十年という長の年月、艱難《かんなん》苦労の道をお通りくだされたのであります。

この子供可愛《かわい》い一条から、すべてを犠牲に供された御教祖様のお道すがらは、その御生涯を通じて感謝感激のほかございませんが、特にたすけ一条のため、私の感銘さしていただきますことは、御老体の御身《おんみ》であらせられながら、警察へ何度も御苦労くだされたことであります。

皆様も御承知の通り、教祖様は、拘引に来た巡査に向かい、私は何か悪いことを致しましたかや、とお尋ね遊ばすと、お婆様は何も悪いことせぬが側《そば》にいる者が悪いからや、と申しますと、ソウカヤと仰せられて、私は未《ま》だ御飯を食べておりませんから、しばらくお待ちくだされと仰せられて、お食事を遊ばしながら山澤お久伯母《ひさおば》に向かって、アノ人らにも御飯を差し上げよと仰せられ、やがてお食事が済みますとお召し替え遊ばされ、サア参りましょうと、ちょうど櫟本《いちのもと》の親族へでもお越し遊ばすような気持ちで、門口《かどぐち》をお出かけ遊ばされたのであります。

普通であれば曾孫《ひまご》相手に炬燵《こたつ》にあたって楽隠居でおるべきお年ごろであるにもかかわらず、もともと何不自由なき御いんねんの良いお方であらせられながら、世界万人たすけ一条のためとはいいながら、厳冬の寒気激しき折柄、ましてや火の気一つもない警察に御苦労遊ばすこのお姿を眺めては、誰一人として嘆き悲しまぬ者がありましょうか。

教祖様は側々《そばそば》のこの嘆き悲しむ姿を御覧遊ばされて、なんと仰せられたか。

私が警察に行くということは、ちょうど梯子段《はしごだん》を一つ一つ上ってゆくようなものや、高いところへ登れば登るほど、道の光が遠方に照り輝くで、と仰せられ、また、たとえどのようなことありても万人たすけ一条の道はやめるにやめられぬ、この道つけかけたなら、あくまでつけ通す、と仰せられて、イソイソとしてお出かけ遊ばしたのであります。（中略）

もともと何不自由なき御身でありながら、神命のまにまに先祖から伝わる田地家倉まで人に渡し、多くの子供をかかえ、良人《おっと》様にお別れ遊ばして貧のどん底に落ち切り、村人から笑われ、親族から絶交され、世上世界から罵詈迫害攻撃され、そのうえ官憲からは干渉され、数々の苦難の道にお出合い遊ばしながら、たすけ一条の精神はやめるにやめられぬと仰せ遊ばした。

この御教祖様の御精神こそ、われわれ道を通る者の生命でなくてはならぬのであります。（中略）

この力強いひながたの道があってこそ、各霊様らも欣び勇んで苦難の中を通られたのであります。

（『みちのとも』昭和十一年十二月号）

立教百年祭最後の活動

――人類更生の完成を期しておぢば帰りの真意義を究めよ――

松村吉太郎

一

全日本人を更生さす方法やいかにと申しまするに、いままで説かれたところによりまするど、別席を運び、おさづけを運び、おさづけを頂く理が人間の更生であると説かれてきたのであります。

これは本教の深遠なる教義に基づく人類更生の意義でありまして、（中略）お道もここまで行かねば、本当の更生とは申されません。

しかしながら、更生とは生まれ替わるということであります。昨日まで信仰しなかった人が今日信仰すれば、天理教に生まれ替わったのであります。

今日まで親不孝していた人が、心を立て替えて親孝行をするようになれば、〃生まれ替わった〃と世間でも申しているのであります。この意味から申すならば、昨日まで道に反対していた人が、今日結構やというようになれば、天理教に生まれ替わったのであります。（中略）

しかして全日本人を更生させるためには、今後未信者に対して大いに「にをいがけ」をやらねばなりませんが、私は、ぢば団参を以《もっ》て最もふさわしい活動であると考えるのであります。

ぢばに一人でも多くの人々を引き連れて帰ること、これが人間を生まれ替わらしめる理になり、立教百年祭を目前にした本年の最後の活動であり、親神様御教祖様に最も喜んでいただける仕事であると考えるのであります。そこで私は順序として、何故《なにゆえ》世界の人々を、ぢばに連れて帰らねばならんかということをお話しすることにします。

二

皆様も御承知の通り、御教祖は五十年間の長きにわたって、教祖としてのひながたの道中をお通りくだされたが、おぢばを離れられたことはまことに稀《まれ》であります。いつもおぢばに踏みとどまって、人のほうから集まってくるのを待っていられたのであります。他宗教の教祖、高祖のごとく、諸国を遍歴して道を説かれたのではございません。世の諺《ことわざ》のごとく、「桃李《とうり》もの言わざれども下自《したおのずか》ら蹊《みち》を成す」で、桃や李《すもも》はものを言うて人を誘う訳ではないが、花の香りが高いから、人のほうからひとりでに引きつけられて集まってきて、花の下におのずから道がついてくると申すのと同じことで、そこに他宗教の教祖と違って、お道の御教祖の偉大なる点があると悟るのであります。

しかしながらまた一面、たすけ一条の念に燃えた御教祖が、世界に病み悩む人がたくさんいるのを知りつつも、なおかつおぢばを離れられなかったというには、もっと根本的な深い道理がなければならないのであります。しからばそれは何がためであったかと申すに、私はただ一つ、ぢばの理を世界の人々に知らしめたいためであったと悟るのであります。そして世界の人々を、ぢばへ引き寄せたいためであったと考えるのであります。

これがためにたすけ一条の念に燃えた御教祖が、世界の人々が病み悩むのを知りつつ、じっとぢばに踏みとどまって、おかくれの後もなお御存命のまに、おぢばに踏みとどまっていてくださるのであります。

しからば、ぢばへ帰ることにどんな理があるか、ぢばとはどんな所であるかということを次に申さねばなりません。

まず、おぢばは、天理王命の神名の伏せ込み場所であります。すなわち天理王命の鎮座まします場所であります。そこで、みかぐらうたにも、

とてもかみなをよびだせば
はやくこもとへたづねでよ　（九下り目　10）

とも仰せられたのであります。神を尋ね、道を尋ねる者は、ぢばへ来なければならんのであります。

そして、ぢばは人類の生まれ出された親里であります。おふでさきの中に、

にんけんをはじめだしたるやしきなり
そのいんねんであまくたりたで　（四　55）
このやしきかんろふだいをすへるのハ

にんけんはじめかけたしよこふ　（十　79）

と仰せられているのであります。

斯《か》くおぢばは、過去において人類初め出しの親里であったとともに、将来人間の寿命薬を下さるかんろだいの建設せらるる場所であります。そして現在においては、みかぐらうたの中で、

ふしぎなたすけハこのところ

おびやはうそのゆるしだす　（五下り目　2）

と仰せられるごとく、不思議な霊救の場所であります。斯く過去、現在、未来を通じて、人間とは切るにも切られぬ深い関係のある場所であります。

（中略）

殊《こと》に、ぢばより打ち出す言葉は天の言葉と仰せられているのでありまして、お互いの旬々の働きの目標《めどう》は、実におぢばからの息一つの理によって明示せられるのであります。

なお、証拠守《しょうこまも》りは、ぢばに帰った証拠として渡されるのでありまして、これを頂くことによって、神様の御守護を一段と深く受けるのでありますが、

ぢばへ帰るということは斯く深い理があるのでありまして、神人親子の理のつながりが、ぢば帰りによって深められる一つの証拠であります。

そこで神言にも、「一度なら一度の理、二度なら二度の理、三度なら三度の理」（おさしづ　明治二十四年七月一日）と仰せられてありますが、ぢば帰りは、一度よりは二度、二度よりは三度と、度《たび》を重ねて運ばしてもらわねばならんのであります。

斯くおぢばは、一般世間の参り場所などとは大いにその趣を異にしているのであります。故に、ぢば団参には、まずこの理を悟らねばならんのであります。そして、道に精進する者は、始終心をぢばに通じておらねばなりませんが、身をもって一度よりは二度、二度よりは三度と、おぢば帰りをせねばなりません。

故に未信者より信者になり、道に入った者は、どうでもこうでも一度はぢばへ帰って、親里の土を踏まねばなりません。そして神人親子の名乗りをせねばならんのであります。

しかしながら、ぢば団参は、何も入信した者に限る必要はないのであります。世間の諺にも「百聞は一見に如《し》かず」と申します。百言お道を説明するよりは、一度おぢばを見せたほうが、道の模様は早分かりするのであります。故に入信の勧誘、道のにをいがけとして、ぢば団参は非常な意義があります。

また神言にも、「おやしきに一歩入れば、目には見えぬが神が手をひき肩に手をかけて、よう帰ってきたなあと言葉をかけているほどに」という意味のことを仰せられてあります。このお言葉の意味から申すなれば、われわれが泣く子供を背中にして遥々《はるばる》とおぢばへ帰ったときには、親神様はまず何よりも背中の子供を下ろしてくださって、あやしてくださるのであります。どんな無理を言う子供も親が預かってお世話くださるので、ぢばへ連れて帰れば理の子供はひとりでに育つ訳であります。これほどありがたい結構なことがありましょうか。

そこで信者、未信者の区別はなく、一人でも多く、ぢばへ連れて帰らねばなりません。

また、ぢば団参を旅行という上から考えましても、世間には見物旅行、修学旅行といういろいろありますが、新婚旅行となれば夫婦の縁結びの旅行であります。この意味から言うなれば、ぢば団参は理の親子の縁結びの旅行であると言うことができます。ぢば団参によって、立派に未信者の間に理の親子の縁結びができるだけの機縁があるのであります。

故に教会教師として、これをやらねば嘘《うそ》であります。

殊に、親神様、親神様、御教祖様の御面前へ、子供を連れて帰って神人親子の対面をさした時、親神様、御教祖様はいかばかりお喜びくださることでありましょう。これを考えた時、われわれはこれをおいて他に、親に喜んでいただく働きのないことを思うのであります。親神様は、

だん〳〵とこどものしゆせまちかねる
神のをもわくこればかりなり　（四　65）

と仰せられ、九億九万年の昔から昼夜の区別なく、一分一秒の休む間もなく、お世話くだされ、御守護くださる親神様。また世間一れつの子供可愛《かわい》いそれ故に五十年の長い年限、あらゆる苦労艱難《かんなん》の道中をお通りくだされた御教祖様。しかるに、その御恩を知らず親を知らずに勝手気ままな道に踏み迷っていた子供に、親を知らせ、恩を知らせ、親の家へ連れ帰って、神人親子の名

乗りをさすことは、どれだけ大きな働きか分かりません。これくらい意義ある活動は、他にはないのであります。

そこで、ぢば団参こそ、立教百年の本年度の最後の活動であると申すべきであります。

殊に立教百年の本年こそは、教会も教師も教徒も信徒も一手一つとなって、最後の一つの目的に向かって一斉に突撃をせねばならん時でありますが、ぢば団参こそは、教会も教師も教徒も信徒も、同じように力いっぱい、極力働ける活動であります。教導職がなければいかん、おさづけがなければいかんというものではありません。やる気さえあれば、今日からでも、今からでも、場所を問わず相手を問わずにやれる働きであります。

三

教祖様御在世中の刻限《こくげん》の御咄《おはなし》に、

さあ〳〵国々から御蔭《おかげ》参りと言うて、さあ〳〵お前も行くか、わしも行く、さあ〳〵皆々揃《そろ》うて行こう〳〵と賑《にぎ》やかに毎日々々出てくるで〳〵。

と仰せられたそうであります。ちょうど、昔お伊勢様へおかげ参りというて、国々から、道中賑やかにたくさんの人が毎日毎日参拝したようなものでありましょう。また、おふでさきに、

　をもしろやをふくの人があつまりて
　天のあたゑとゆうてくるそや　（四　12）

と仰せられてありますが、これはぢばの理が現れ、親神様の思惑が了解されると、多くの人が天の与えを頂きたいと、口々にその徳をたたえてぢばに帰ってくることを仰せられたのでありまして、これは今回打ち出しました団参であります。まさしく、御教祖様のお待ち兼ねの日が来たのであります。

明治四十年六月七日午前二時、御本席様が御病気でお臥《やす》み中、大声で、エラい調子で、

　おーい〳〵。よーい〳〵そりゃ行け〳〵。よい〳〵、今よい〳〵。そりゃ〳〵、うむ〳〵〳〵。
　そりゃ、よい〳〵。そりゃ〳〵、わう〳〵。

とエラい掛け声で仰せられました。そして、

よろづよのせかい一れつ、

と伊勢音頭を歌う調子でお歌いになったのであります。本部員の詰め合っておった者は非常に驚きました。私も直接お聞きいたしました。大きな声でエライ調子でお歌いになったのであります。

これは私の考えでは、将来、伊勢音頭を歌って伊勢参りするごとく、おぢばへ毎日たくさんの人が集まって賑わうということを、神様がお諭しくだされたことと思うのであります。そして「そりゃ行け〱」と、おぢば帰りをお勧めくだされているのであります。

ちょうど、立教百年は全日本人の更生する旬でありますから、諸国から団参でおぢばへ毎日寄り集まる模様をお諭しくだされるとともに、また、ぢば団参をお勧めくだされたものであると思います。

そこで、ぢば団参は、まことに立教百年にふさわしい全教的なる華々しい活動であると考えます。

されば立教百年の本年一年は、一にも団参、二にも団参で、朝から晩まで起きても団参、寝ても団参という決心で働いてもらいたいのであります。故に身上のお手入れも事情のお知らせも、ここしばらくは団参一つのお諭しでたすかるものと考えます。頭の痛いのも、腹の痛いのも、お尻の痛いのも、肺病も、脚気《かっけ》も、皆団参一つ、おぢば帰りの精神定めでたすかるのであります。頭はどんな理や、腹はどんな理やと、いろいろ心配する必要はありません。団参一つのお諭しで十分であります。

おぢばへ連れ帰って神人親子の名乗りをさす、これくらい神様のお気に入ることがありましょうか。どんな病気も事情も、これでたすかる道理であります。

世間では「名物にうまいものなし、名所によいとこなし」と申します。しかしながら、おぢばばかりは例外であります。分かっても分からないでも、まあ文句は後で聞くからと、無理やりにでもぢばへ連れ帰らねばなりません。ぢばの霊気によって、人々はたすかります。育ちます。藍壺《あいつぼ》へ入れば、ひとりでに染まるのと同じであります。

かくして、八百万人の本教信徒が一手一つとなって、親族から親族へと手を回し、知己《ちき》から知己へと伝えていって、一人で十人の団参をこしらえれば、日本人全部はおぢばへ連れ帰れる道理でありますから、なんでもかでもその精神になって、この働きを実現したいものであると考えるのであります。
以上は、ぢば団参の意義について、私の考えているところを大体お話し申し上げたのであります。本年は、この方針で極力働いてもらいたいのでありま す。

（『みちのとも』昭和十二年三月号）

教育の根本精神

松井忠義

教育は進歩したか

今日、世の中の人々は、いろいろな悩みを持っています。その中の最も大きい悩みの一つは、教育でないかと思います。

私は日々、多くの親たちから、その子供のことについて、いろいろの相談を受けます。そういう親たちの多くは、きょうまで、子供の成人を唯一の楽しみとして、あらゆる苦心、あらゆる苦労を耐え忍んできた人たちばかりであります。それがようやく一人前になって、いざこれからというときになって、どうしても親の思う通りにならない、無理に思う通りにさせようとすると一層言うことを聞かない。と言って、子供の将来を考えると、勝手にしろ、と言ってほっておくこともできない。何とかしなければならないがどうしようもない、と呆然《ぼうぜん》としている人が少なくないのであります。

なかには、親が学問がないため、いろいろの不自由をしてきたので、せめて子供だけは、どんな苦労をしてでも学校を出してやらねばと思って、分に過ぎた教育をしてきました。それにこんな結果になっては、もう学校もコリゴリです。後の子供は、絶対に上の学校には上げませんと言って泣いた人もあります。

こういう問題は、ひとり私たちの周囲だけの問題でないようであります。随分、世間的に成功している人々、いわゆる知名の人々の中にも、子供の教育という点になると、失敗をしている人々が少なくないように思います。

一般的に言って、私はよい子供を持って幸せであります、と言って喜んでいる人は少ない。同時に、私の親のような親は世間にも少ないだろう、と喜んでいる子供も、案外に少ないのじゃないかと思います。

世の中に、何が美しいといって、よい子供のそろっている家庭ほど美しいものはありません。私は、世の中に本当の成功というものがあるならば、それは、立派な子供を作ったときだけが成功であって、そうでなければ、どんな成功も成功でなくなると考えているのであります。

今日は、昔にくらべて、教育の進歩が著しいといわれています。なるほど、義務教育は行われています。中等学校は数えきれぬほどありましょう。専門学校、大学の数も、枚挙にいとまがありません。しかし本当の教育というものは、いろいろのことをたくさん知っているということではありますまい。いわんや、学校の数がたくさんあり、卒業証書をたくさん持っているということではないはずであります。

小学校を出ただけで、教育が少なかったから、家庭がうまく行かぬ、というなら分かっています。それが、大学を出て、最高の教育を受けたから、うまく行かないというのでは、いよいよ分からない話であります。これでは、教育の進歩発達ということが全然意味をなさない。私たちは、この際、どこに間違いがあるのか、教える者に行き届かないところがあるのか、教えられる者に欠けるところがあるか、篤《とく》と検討してみる必要があると思うのであります。

教育は親がなすべきものである

私は今日の教育の誤りは、第一が親にあると思っています。第一じゃない。全部が親にあると考えているのであります。もとより、子供もよくないでありましょう。しかし、そういう悪さは親がよくなりさえすれば、すぐによくなる悪さであると考えています。これが私の根本信条でありまして、私の教育観の枢軸《すうじく》をなすのであります。

私は、子供の教育は親がなすべきもの、親以外には、本当の教育はできないものと考えています。ただ親というものが、何から何まで教えることができないので、やむを得ず、学校に入れ、先生にお願いするまでであって、本当は親がなすべきもの、少なくとも最も大切な魂の教育は、親がしなければならないものと考えているのであります。

ところが、世間の大抵の親たちは、教育は学校がするもの、家庭ではできないものと考えているのでありまして、これぐらい間違った考えはないのであります。教育によほど理解のある親であっても、どんな苦労をしてでも学校だけは出してやるといった程度で、やはり根本において大きな考え違いをしていると思うのであります。

私たちの親たちは、幸か不幸か、専門学校や、大学を知らない。それがために、それらの学校を過当に評価されるのも無理はありませんが、今日の学校は、少なくとも人格の教育においては、そんなに完全なものでないことを知っておく必要があると思います。建物は立派になった。設備も行き届いている。教育技術も非常な進み方であります。しかし、学校の本当の価値というものは、そこに教鞭《きょうべん》を執っている教師でなければなりません。ところが、その教師が、大抵私たちと同時代の人か、あるいは少し先の人でありまして、多くは、親から学資を出してもらって、フラフラと卒業した人が多いと言って差し支えありません。

私の友人に現に教師をしている人があります。酒を飲むと、脱線をする癖《くせ》があります。ある時「教師でいてそんなに飲んでもよいのか」と聞くと、「酒を飲みたいからこそ、節《せつ》を屈して教師をしているんだ」と嘯《うそぶ》いたことがありますが、これは少し甚《はなは》だしいほうでありましょう。もとより、こんな教師ばかりではありません。なかには、随分立派な人もありましょうが、今日の教育制度では、一人の教師に対して生徒が何十人何百人の割合になっています。大学や専門学校では、教師が生徒の顔も知らない。入学して卒業するまで、一度の口もきいたことがないというのが普通であります。その点、昔の学校は、先生を中心として学校があり、生徒は先生を慕って入学するといったふうでありますから、よほど趣が違っているのであります。今日の学校は全然そんなふうがない。教師は、自分の意志に反する場合でも、どんどん転任させられる。これでは、教師が、子供の薫育《くんいく》よりも一文でも月給の多いほうに替わろうとするのも、あながち無理はないので、全然一個の職業に堕《だ》し去ってしまったのであります。

こういうことは、学校の教師諸氏を侮辱《ぶじょく》することではありません。また学校を否認することでもありません。もし罪ありとすれば、それは制度の罪であって、何人《なんぴと》の罪でもないのであります。従って、先生はどこまでも尊敬すべきものであり、学校もでき得る限り、学ぶに越したことはないのでありますが、ただ人格の教育、魂の教育だけは学校に任せきりではいけないことを言いたいのであります。

繰り返して言えば、子供の本当の教育――精神、人格、霊魂――は親がするよりほかに途《みち》がない。すべての親たちは、まずこのことをはっきり自覚することが必要であります。

私は教育の核心は、「おやごころ」であると考えています。教師が教師であり得るのは、親に代わって「おやごころ」を持ち得る場合だけであって、これを失っては、もはや教師たるの資格はない。しかし、すべての教師が、すべての子供に対して、同じように「おやごころ」を持つことは、なかなか言うべくして行われにくい。それだけそれぞれの親がお互いの子供に対して、教育の責めを感じなければならないと思うのであります。

もとより、ここに言う「おやごころ」は、単なる愛情を意味するのではありません。子供の幸福になることとなれば、どんな不自由も、どんな苦痛も喜んで受けとっていこうという、理性に目醒《めざ》めた、正しくして、深い愛を指すことは言うまでもありません。それがためには、親たちは、まずその生活を正しくし、物の考え方を正しくすることが必要になってまいります。

私は、親の心は子の心であると考えています。同時に、親の通る道は子の通る道であると考えています。親は欲がないのに、子供は欲が深い、そんなことは断じてないのであります。

親が粒々《りゅうりゅう》辛苦して、金をこさえたのに、子供は親をだまし、親を泣かせて、金を使うことを何とも思わない、そういう訴えを聞いたことは幾度もあります。そういう親は、大抵、俺は絶対に間違ったことはしていないと断言するものでありますが、私はやはり人をだまし、人を泣かせて、金をこさえてきたものであると信じない訳にはいきません。

人間は、生まれる時、まず魂として、親の精神をもって生まれてきます。それからは、一日一日親の心持ち、考え方、生活態度がどんどん子供に移っていくのであります。子供の小さい時には、親がどんなことをしておっても知るはずがない、と思うぐらい間違った考えはないので、皆知っているのだと考えておらねばならないと思います。

それを言うと、信心のない人は、大抵「そんな馬鹿な」と一笑に付してしまいます。「生活を正しくしなければ」と言うと、「そんな窮屈なことを考えていては、商売も何もできませんよ」と言って取り合わない。しかし、そんな人にも、やがては分かる日もありましょう。所詮《しょせん》、親の道は子の道であります。親が間違えば子も間違う。親が正しければ子供も正しい。弱さも強さも、大きさも小ささも、慈悲も無慈悲も、皆親に似るのである。その点、子供は親の反映であり、親そのままであると言ってよい。

そこで、自分の子供によくない者が出てくれば、それは親のよくなさであることに気がついて、まず親自身が改めるのでなければならないと思います。その場合、ただ子供に説教をしたり、監督を厳重にしたりするだけで親が改めるということをしないならば、子供は一層に悪くなっていくよりほかはないと思います。

親の生活を正しくする。これが子供の教育の最重要の点であります。ここにおいて、子供の教育と一緒に親の教育が必要になってくるのでありまして、宗教の大切な役目の一つは、ここにあると思うのであります。

行うことが教えることである

教育は親がするものであるということを申しました。恐らく忙しい親たちは「そんな暇があるものか」「そんなことにかかっておっては、生活はできんよ」とおっしゃるに相違ありません。しかし私は、一度も、子供につききって、世話をしなければならぬと申した覚えはないのであります。むしろ、そんなことは不必要なことでありまして、親自身が正しい道を行っておればよいことを言いたいのであります。

親は子供を愛します。これが教えであります。愛ということを口で教えることは、よほど表現の巧みな教師でないとできないかもしれません。しかし実際に愛を受けた者は、その味わいだけは、はっきりと知ることができます。それが分かると自然に親を愛することを知り、人を愛することを覚えます。そして、愛することのできるときには愉快を感じ、愛することのできないときには一種の苦痛を感ずるようにさえなるのであります。

正直ということは、親が正直であれば、子供は自然に教えられるのであります。もし、親が嘘《うそ》つきであれば、学校でどんなにワシントンの教えを説いて聞かしても、その子供は嘘つきになるよりほかはありません。

親がいかなる艱難《かんなん》の中でも、ヘコたれずに通っておけば、子供は必ず、それだけの道は通るでありましょう。もしそうでなければ、どんなに「艱難汝《なんじ》を玉にす」を教えられても、所詮、志を貫くことは難しいのでないかと思います。

昔から、なまけることを教えた先生はない。人のものを盗めと教えている教科書もない。それでも、なまける人が絶えず、盗人《ぬすびと》の種が尽きないということは、学校の教育だけでは、どうにもならぬ世界があることを証明しているのであります。

人間が悪いことを始めるのは、大抵友人に誘われてすることが多いのでありますが、その親、その家庭が正しいならば、一旦は誘惑に負けて悪に陥ることがあっても、必ずそのうちに、元の正しさを取り返すに相違ありません。

教師というのも、やはりその程度のものでありまして、自然科学のような学問の教えは別として、道の教え、人格の教えというようなものになると、よい者をいよいよよくすることはできても、家庭の質《たち》のよくない子供を、全然質の違ったよい者にすることは、よほどの困難というより、むしろ不可能ではないかと思うのであります。

私は結婚をする人には、いつも本人を見るより親を見よと勧めておりますが、自分の狭い経験でも、ほとんど間違ったことはないと思っております。これも、その原理に基づくのでありまして、どこのお嬢さんでも、本当のところは、なかなか分かりにくい。しかし親のほうは、包み隠しをすることが少ない。少ないばかりでなく隠すことができないのであります。永い間には、その人の考え方なり行いが自然と知れてくるのでありまして、それによって判断すると大抵は間違いはない。子供はいつも親の雛形《ひながた》通りになっているものであります。

同じように人を採用する場合にも、その人の父母、祖父母を知ることは、その人を知る上に、よほど参考になるのではないかと存じます。

こういうように、子供は親のする通りにする。親が朝寝坊をすれば子供も朝寝坊をする。親が贅沢《ぜいたく》をすると子供も贅沢をする。親が常住坐臥《じょうじゅうざが》、日々に教育をしているのでありますから、子供が見習うのは当然であります。これは子供の教えについて述べたのでありますが、ひとり子供の教えだけではない。すべて教えと名のつくものは、行いを離れては存在しない。行いがあって初めて教えというものに権威があり、力があるのであります。

ちょっと考えると、上手に講演をしたり、美しい文章を書いたりする人は、いかにも人を動かすように見えますが、それは、ほんの見えるというだけで、実際は何の力も持っていないのであります。

昔から宗教の開祖とか教祖とか言われる方は、いずれも偉大なる教育者でありますが、あまり講演をしたり、文章を書いたりされたことは聞かないのでありまして、いつも黙々として精進の道を歩まれた、その行い一つが末代に感化力を及ぼしていることは、何人も否《いな》むことができないだろうと思います。いつの場合でも人を動かし、神を動かすものは行い一つにある。このことは人を育て、人を教えていく者にとって、絶対に忘れてならないことであると考えるのであります。

（『みちのとも』昭和十三年一月号）

歓喜

丸山時次

科学の国ドイツで銘刀正宗《まさむね》を化学的に分析して研究した。地鋼《じがね》の質も、焼きの入れ加減も、そしてまた、力学的に、そりの度合いも、重心の位置も、およそ刀の要素というべき要素を一切調べ上げた。その上で、この抜け目のない研究に基づいて、正宗と同じ刀を再製した。質も形も、寸分違わないものができた。そこで試し斬《ぎ》りをしてみた。立樹《たちき》に斬り込むと、実によく斬れたけれども、刀は見事に折れてしまった。遂に折れない正宗は、幾ら研究しても得られなかったという。

刀工正宗は近代的科学者ではなかった。ただ黙々と、時間と経済と名誉とに超越して鍛刀に没入していた。己を空《むな》しうして、刀の世界に生きていた。この至誠、これが科学以上のもの、科学では説明のつかない神品《しんぴん》を作り出したのである。

この道は、胸から胸への道であるが故に、真実一つが生命である。しかもそれは身を以《もっ》ての真実である。

実行ということを喧《やかま》しく言われる。実行の伴わない信心は零《ゼロ》だと教えられる。初めは、何が何だか分からないままに実行する。朝起き、正直、働き、この三つを目標《めどう》に一生懸命にやる。やっているうちに分かってくる。雑巾《ぞうきん》がけそれ自体にも意義はあるけれども、この一つの行《ぎょう》の中に、己を空しうして捧《ささ》げられてゆく真実の養いが貴いのだということが分かってくる。そして、実行してみてから聞く教理は、一つ一つなるほどと頷《うなず》かれるのである。信心はこうして身につくのである。

聞いた感心、見た感心は、どこまでも人のものであって、自分のものではない。こういう教理では、人をたすけられない。

先年、実行の親玉と言われる柏原《かしはら》（源次郎）先生のお伴《とも》をして北陸方面を巡回した。

二十丁以内のところは必ず歩く。

朝づとめ前には必ず起きる。

晩には、たとえ一人でも二人でも集めてお話をする。

先生の日々は、自分のために造る隙《すき》がない。あくまでも己を攻めるに厳である。しかして人には至って寛大である。

北海道の支庁長に就任した時、駅売りのお茶を買わないで、はるばる一升瓶に番茶を入れて携行した。迎えに出た人の中に酒好きがいて、目早く一升瓶を見つけ、「先生、なかなか気が利いている、わざわざ関西から灘《なだ》の生《き》一本を持ってこられた」と、早くも喉《のど》を鳴らして、「先生、おいしそうなお茶をお持ちですが、一つ御馳走《ごちそう》にあやからしてください」と言った。

飲んでみれば、何のことはない、ただのお茶であった。（中略）

柏原先生にはとても及ばない私であるが、私も常に身を攻めているほうである。友人がよく「君、あまり固くなるな、信心はそのような窮屈なものじゃない、神様のお与えを喜んで頂けばいいじゃないか」と注意してくれる。なかには、また「あなたのようなことをしていて、どこに楽しみがあるのですか」と言う人もいる。

私は答える。

「自分から求めて得るものは、決して楽しみではない。真の楽しみは天から与えられるものだ。天がお前には与えずにはおられんとお恵みくださる楽しみこそ、永久に尽きない、亡《ほろ》びない楽しみだ」

だから私にとっては、貧乏結構、襤褸《ぼろ》結構である。天がお与えくださる人だすけの中に、金を以ては買い得ない楽しみがある。

したい放題して、一体、どこに教祖の道があるかと思う。少しの気の緩み、それが、やがて、放縦となる。それはもはや、宗教家の生活態度ではない。

私は常に自分に言い聞かせる。

「私は宗教家である、しかも人だすけに生きている宗教家である。私は宗教学者でないから書物にかじりつく必要はない。いつでも人をたすけられる真実だけを持っておれ、そのためには、常にわが身に厳であれ。これが、私の準備のすべてである」

（『今日一日』昭和十五年十月）

涙と微笑

関　粂治

ある年の婦人会総会に、東本《とうほん》の初代会長が一席の話をすることになった。「たすけのおよしさんの話がある」というので、聴衆は非常な期待をもって、この日を待っていた。

さてその日が来た。順番が回って、会長は演壇に立った。万衆ただ耳をそばだてた。あの人の口から何が出るのかと、固唾《かたず》をのんだ。

「御教祖様は……」

美しい声がたったこの一語で途絶えてしまった。遂にその後が続かない。見れば、会長の両眸《りょうぼう》から涙が流れていた。

聴衆もまた、この人と共に涙を流した。そして、幾万言の話を聴いたよりも、もっともっと力強く、教祖を偲《しの》び、教祖の恩に感到した。

私の布教時代のこと、あるおたすけに十三日の絶食をした。徳のない私は、そのために、見るかげもないほど、やつれ、かつ蒼《あを》ざめた。その時、会長が大阪へ来られたので、私は挨拶《あいさつ》をした。

「関さん、どうしたのですか」

と聞かれたので、側《そば》にいた人が、その理由を説明した。見ると、会長はポロポロと涙をこぼしていた。私は、ありがたくてもったいなくて仕方がなかった。空腹も疲れも、一時に飛んでしまった。親の涙、無言の涙が、訳もなくありがたく、身体《からだ》中が温かくなってしまった。そうして、その後で、

「わたしにも覚えがあります。神様のお造りになったこの身体を、そんな無茶をしては申し訳ありません。私が神様にお詫《わ》びさしてもらいますから、きょうから御飯を頂いてください」

と、一言。

この涙とこの一言。

親心の温かさは、今日なお、私の血の中に残っている。（中略）

彼が信心に入るまでは、非常な頑固者であった。彼の頑固さに、妻も泣き人も泣いた。環境の人々を泣かすだけ泣かせて、彼は入信した。

まず、心を落とさねばというので、教会の下足番をした。お茶汲《く》みをした。それを一生懸命にやった。その姿には、信仰前の頑固さは微塵《みじん》もなかった。実に、鮮やかな転身ぶりであった。

拝殿づとめは、もうこれくらいでよかろうと会長の許しを得て、初めて布教に出た。一番最初にある俥屋《くるまや》に、にをいがかかった。

俥屋の内儀《かみ》さんが寝込んでしまったので、亭主は働きに出られない。仕方がないので、家《うち》にいて草鞋《わらじ》を編んで、ようやく暮らしをたてていた。

亭主はいつも入り口の土間で仕事をしていた。彼は、その入り口に佇《た》って、亭主に声をかけるのだが、亭主はてんで相手にしない。振り向きもしない。草鞋編む手をやめないで、

「天理教は、まっぴらごめんこうむるよ」

と言うだけである。彼はとりつく島がないので、亭主の背中に頭を下げて帰

るのである。道々、彼は思った。

「俺という男は、よっぽど頑固だったんだ。あの俥屋も相当なものだが、あの背中に挨拶《あいさつ》しなければならん俺は、もっともっと頑固なやつだったとみえる。あの亭主が、話を聞いてくれぬ間は、俺はまだまださんげしなければならん——亭主の聞いてくれないのは、さんげの足りない証拠だ」

降っても照っても彼は通った。亭主は相変わらず後ろを向いたままであった。始めの間こそ「天理教はごめんだよ」とでも、ものを言うてくれていたが、しまいには、それさえ言わなくなった。

「こんにちは。お内儀さんはいかがですか。信心してくだされば、きっとたすかりますのに——」

彼はこれだけ言って、背中に頭を下げて帰るのだ。こうして、一年半の間、毎日、足を運んだ。

そうしてある日。この日も、亭主の背中にものを言い、黙っている亭主に頭を下げながら、

「もういい加減に我《が》を折って信心してくだされぱたすかるのになア。まだ聞

いてもらえないところをみると、俺の頑固のさんげかな。もうさんげが足りていると思っているが、まだまだ足りないのかな」

と言った。

その時、一年半も背を向けたままだった亭主が、ぱっと後ろを向いて、彼の前に土下座して謝った。

「申し訳ない、申し訳ない。もう半年も前から実はまいっていた。今日は謝ろうか、今日は謝ろうかと思いつつ、その時がなかった。長い間、本当に済まないことをした。どうか勘弁《かんべん》してくれ」

「いやいや、あなたが悪いのではない。私は頑固だったんだ。さあ、お内儀さんにおさづけをさしてもらおう」

お内儀さんこそ、長い間、二人の頑固に挟まれて、いい迷惑をしたというものだ。

声楽の大家、シャリヤピンという人が先年、日本に来た時、すばらしい讃辞を浴びた。

しかし彼はこう言った。

「私をほめてくださるのはありがたいが、声は楽器です。魂の奥からのものを、声という楽器を通じて出すだけです」

さすがに、名人と謳《うた》われる人の言葉であると頷《うなず》かされる。

涙も微笑《ほほえ》みも声も、魂の奥のものを表すだけである。魂の内容が、空《から》であれば、幾千言を吐いても人の魂に入らぬ。いわんや夫婦げんかの涙などで、人の心を洗う訳にはまいらぬ。

魂が、宇宙に充満すれば、身はたとえ閑雲《かんうん》に高臥《こうが》するとも、よく天下を支配する。

そういう魂からほとばしり出る、

ひと声

一滴の涙

微笑み

にして、よく人を生かすのである。

（『報恩の生活』昭和十六年四月）

一筋心

柏原源次郎

教祖様は世の人々をおたすけくださるため、天保九年から明治二十年におかくれになられるまで五十年間、御苦労くださったのであります。その間、立教に当たりましては夫善兵衞《ぜんべえ》様はじめ御親戚《しんせき》の反対の中を人だすけのため、あわれな方々に祖先伝来の資産をほどこされたのであります。（中略）しかしながら家は次第に傾き、食事にさえ事欠かれるまでに貧乏せられ、産土《うぶすな》の秋祭りには娘ごに着せる晴れ着一枚すらなくなってしまったのであります。村では屈指の家柄で何不自由なかった過ぎし日のことを思うと、感慨深いものがあったことでありましょう。

こうした苦しさの中を、教祖様にはただ一筋に人心救済のため、五十年の久しきにわたり、一日のごとき心でお尽くしくだされたのであります。そこには奇跡霊験《れいげん》がいたるところにあらわれ、おたすけを受ける方々も日増しに増していきました。しかし、たすけられた数多《あまた》の方々も世間の反対に遭い、最初の決意もにぶり、教祖様の遺蹤《いしょう》を踏まんとする人は少なかったのであります。この少ない中で、たすけられた報恩の初一念を通された一人に、撫養《むや》大教会初代会長、土佐卯之助《とさうのすけ》先生があります。

話は変わりますが、大阪難波《なんば》の船宿での出来事でありました。二十五歳になる若い船員が重病の身を横たえておりました。この若い船員が本教のおたすけを受けて、ありがたさのあまり、大阪より十三峠を越え、初めて本部に参拝したのは明治十二年でありました。この船員こそ、撫養大教会の初代土佐卯之助先生でありました。本部では山澤良助先生にお会いして、

「私は神様から、ない命をたすけられた者でございます。その御恩報じに何か、幕とか提灯《ちょうちん》とか献納させてもらいとう存じまして……」

と、申し出たのであります。すると山澤先生は、

「あなたの思召《おぼしめし》はありがたいことでありますが、本教はまだ公認がないので、幕とか提灯は不用であります。あなたがそれほどおっしゃってくださるなら、

出身地におかれて本教の人だすけをしなされ。これが一番神恩報謝となるのです」

と、お教えくださるのでありました。土佐先生はこの言葉を唯一の目標とし、生地は山口県でありましたが、家を徳島県撫養町に持っておりましたので、この撫養町で布教を開始することに決したのであります。この一粒の誠の種、神恩報謝の心が元となり根となって、一本の幹に成長したのであります。

（中略）

では、土佐先生はどんな道を通られたか、その一筋心で通られた五十年間の道すがらを、少々お話し申し上げたいと存じます。

明治十二年御入信、昭和三年出直されるまで五十年間、土佐老先生の道すがらをかえりみます時、涕涙《ているい》禁ずることができないのであります。特に私は先生の膝下《ひざもと》で四十四年の間、教えを頂きまして、思い出は尽きないのであります。

大阪難波の旅空《たびぞら》で重病を神様よりたすけられた先生は、神恩に報いるため船員の俸給《ほうきゅう》生活をおやめになり、たすけ一条にすすまれたのでありますが、一家の収入には何の目標もないため生活にも困難され、奥様は阿波《あわ》名産縮織《ちぢみおり》の織子《おりこ》までされたのであります。一方、先生は布教の余暇をぬすまれて、徳島市の縮織営業者から縮の原料糸をあずかり、これを背に負うて夜の道を撫養に運ばれ、近所の織子に配給、織り上げた反物はさらに背負うて徳島市に持ち帰り、営業者からわずかばかりの賃金を頂いて、一家の細煙の糧《かて》とされたのであります。

さらにある時は、生活に窮し、三円の家賃で小さな家を借り、風呂屋を開業され、奥様がこれにあたられたこともありました。奥様は朝暗がりから起き、棕梠綱《しゅろづな》の釣瓶《つるべ》で風呂に水を汲《く》み込むのでありますが、厳寒の折など、奥様の手は皹《あかぎれ》で血さえ流れることが稀《まれ》ではありませんでした。そして水汲みが終わりますと、今度は風呂焚《た》きであります。こうして終日働き、奥様は先生の布教を助けられたのであります。そのころの一日の入浴者は約百名、一人の入浴料三厘で一日合計三十銭の入浴料でありました。この入浴料から石油、薪代《まきだい》を差し引き、純益日に十五銭でありまして、これにて一家三人の家族が生計を立てていかれたのであります。

ある夏の夜のことでありました。客足もやんだので夜十一時、奥様は風呂を頂こうと女風呂のほうで身体《からだ》をながしておりますと、一人の男が男湯に入ってきました。奥様は誰か近所の人でも遅れて入浴に来られたものと思っておりますと、その男は風呂から上がり帰っていきました。奥様は少し様子が変だなと思われて、上がって番台を見ますと、銭箱《ぜにばこ》がなくなっています。その日の入浴料全部とられてしまったのです。そこへ先生が布教から疲れて帰ってこられました。いつもなら二人で夜食のウドンを頂き、その日の布教話など語り合うのでありますが、今夜はその楽しいウドンを買い求めるお金もありません。二人は出がらしの茶を飲んでたんのう、きょうのことをさんげされるのでありました。

その翌日朝も、朝食に頂く何ものもありません。昨夜と同じく茶をのみ、その日の午後三時、初めて入浴料にて食事せられたとのことであります。これは奥様直々の話でありました。

こうした奥様のお力添えにより、先生は夜を日についで、徳島県下南北十数里の各村をにをいがけに歩かれたのでありますが、ある日、徳島より撫養への帰り道、吉野川別宮《べっく》での渡し場でわずか五厘の渡し銭もなく、先生は大事な煙草《たばこ》入れをその代におかれたとのことであります。また御本部からの帰り道、淡路街道十三里を草鞋《わらじ》がけで歩まれ、ようやく淡路福良《ふくら》港に着いたものの、四国に渡る六銭の渡し銭もなく、撫養町を指呼《しこ》の間《かん》に眺めながら故郷への船を見送り、次の便船まで三日間を付近農家の麦刈りひのきしんに充てられたこともありました。

また明治十八年には、大きなお道反対の事情が地方に起こり、奥様は到底本教成立の見込みはないものと、自ら先生に離縁を申し込まれたのでありました。先生はこの時、

「わしは神様からない命たすけられたのだが、お前がこの道を辛抱しきれずに離縁を申し込むなら、このわしが先に家出する」

と、自ら小さな社《やしろ》を背に負い、草鞋を片足はきかけられたのでありました。その時、外より誰か入ってくる人がありました。そして、

「先生、どこに行かれるのですか」

と、問います。よく見れば信者の一人であります。先生は件《くだん》のことを信者に

語ると、その信者は、これを極力引きとめ、早速、近所の病人のおたすけを申し込まれるのでありました。先生はこの信者の言葉に従い、おたすけに向かわれましたが、それより道が広まり、奇跡はいたるところにあらわれたのでありました。

先生御苦労の道すがらは、かように続けられてゆきました。最大の伴侶者、奥様の離縁の申し込みにおいてすら、先生の心持ちは少しも変わらず、報恩一筋の初一念であります。その御苦労は、涙なしには話すことはできません。しかし、こうした苦労の中に誠の種は蒔《ま》かれて、一人の信徒は二人となり三人となり、次第に増えてゆきました。

明治二十年正月であります。撫養よりは二十名の信徒が御本部に参拝することとなりました。一行は先生を先頭に、草鞋がけで淡路街道を行きます。先生は一つの草鞋がすり切れると、他の新しい一つを腰からとってはきかえられます。三里行ってまたかえられます。大阪より十三峠を越え、一行はようやく待望の御本部に着きました。しかし、何たることでしょう。きょうまで心のたよりとしてきました御教祖様のおかくれであります。一同の心は真っ暗になってしまいました。一同は御葬列のお伴《とも》にも加えられず、田一枚手前より葬列を拝しておりました。この時の二十名の感慨は、けだし想像以上であったでしょう。この二十名の中の一人、麻植房次郎《おえふさじろう》氏はその感激のあまり、帰国いたしまするると、自ら三十カ村にわたる徳島県下一帯の信者を取りまとめて、撫養町で一教会を開設する計画を立てられたのであります。これが明治二十二年の撫養支教会の開設となって現れたのであります。

この教会開設こそ、土佐先生の報恩一筋の一念、火にもやかれず、水にもながれざる鉄石《てっせき》にもまさる誠の心が一粒の種となって生まれてきたのであります。（中略）言葉を換えて申しまするると、これ皆、教祖様五十年間の御苦労の理によるものでありまして、今日、本教一万二千カ所の教会も、皆こうした教祖様のひながたを一筋に踏む先輩の誠により生まれたのであります。水火を辞せぬ報恩一途、誠一筋に生きる心ほど、尊いものはないのであります。

（『源次郎夜話』昭和十九年七月）

一手一つの結束

中山為信

私ども待望の教祖様六十年祭は、いよいよ目睫《もくしょう》の間に迫り、達《たつ》で公示されましたごとく、来年一月二十六日から二月十八日までの間、本部で執行されることに相成ったのであります。申し上げるまでもなく、正月二十六日は教祖様の御命日であり、その年の正月二十六日は太陽暦の二月十八日に相当しているのであります。よってこの間、毎日づとめをもって、つとめさしていただくことに相成るのであります。

開講式に当たりまして、管長様（注、二代真柱様）から親しくお言葉を頂きましたように、五十年祭は〝りをふく〟旬、六十年祭は〝むしやうにでけまわす〟旬でありますが、誠にありがたいことで、私たちもそれを信ずるのでありまります。むしやうにでけまわすには非常に大きな節《ふし》が控えていることを考えねばなりませんが、節も節、日本始まって以来の大節、本教初めての大節に遭遇しているのであります。教祖様の年祭はいつの場合でも合図立て合いの節であると聞き、またそれが証明されてきているのであります。これによってこれを見ますに、六十年祭は天下未曾有《みぞう》の大節であり、天理教にとっても大節であります。未曾有の大節であるとすれば、これによって未曾有の大発展がなければならないので、むしやうにでけまわす理がここにあるのであります。

むしやうにでけまわすには、どうすればよいのでありましょうか。大節にはそれ相応の心定めがいるのでありまして、大きな固い心定めと、理を立て切ることによってのみ、むしやうにでけまわす理をもらうことができるのであります。理を頂くと否《いな》とは心定めの如何《いかん》によるのでありますが、私たちがいかなる心定めをし、いかなる心構えで行かねばならんかということは自明であります。

心定めで考えねばならんことは、日常の信仰生活においていかにすべきかということで、それにはまず、過去における自分をふり返って見る必要があり、あの点が悪かった、この点が善《よ》かったという反省から出発すべきだと信じます。この意味で、本教においても、過去における反省をまず行わねばなりません。それについては、七年前における本教革新について回顧し、この際一切の行きがかりを清算し、新鮮明朗な心持ちを以《もっ》て新時代に向かって発足するとともに、一は以て私の愚かなるさんげともし、一は以て皆様に御報告申し上げる意味で、その経過を簡単に申し上げてみたいと存じます。

およそ正しい道というものは、片寄らない道であって、片寄った道は危険であります。往来を歩くにしても、交通整理上、左側通行ということがいわれていますが、それさえなければ最も安全なのは、真ん中を歩くことであります。しかるに、人間には癖といいますか、いんねんと申しますか、それによって右に片寄ったり、左に片寄ったりするものであります。目をつぶって歩くと、まっすぐに歩いているようでも、必ず右か左に片寄るのでも分かります。

正しい歩み方は、真正面に歩くことであります。ところが右でも左でもない道は、普通には誠に頼りない気がするのみならず、非常に難しいのであります。教祖様が固く軟らかく、軟らかく固く、急いで急がん道と訓《おし》えられましたが、事実はまったくそれに相違はないのでありますが、それは非常に難しいのみならず、何だかはっきりせぬ頼りないもののように思えるのでありあります。大抵は固いものは固く、軟らかいものは軟らかく歩こうとするものであります。

このことは、社会の思想方面にも言い得られると思います。現在の極端なる自由主義を左に傾いているとすれば、極端なる国粋主義は右に傾いていると言うことができ、いつの時代でも、どちらかに偏していることが多いのであります。そして、右に傾く思想が盛んになれば、私たちの思想もまた何かの機会に右に傾くようになるものであります。かかる情態を繰り返して進むのが社会の現状であります。

最近の国情を見ますに、昭和の初めごろは左に傾く自由主義の華やかな時代であったが、満州事変ごろからは、日本には日本固有の道がある、歴史に徴《ちょう》しても明らかであると、国粋主義が勃興《ぼっこう》してきたのです。先にも申し上げました通り、歩き方としては中道《ちゅうどう》が正しいのですが、右になれば右、左になれば左にとはっきりしたいものとみえまして、右に向かった思想はいよいよ右に、左に傾いた思想はいよいよ左に傾こうとするのです。そこで右の者は全部を右に塗りつぶそうとし、左の者はすべてを左一色にしようとするのは当然のことであります。たとえば、外来思想の排斥に熱心のあまりに、横文字は見るもけがらわしくなったり、洋風の名前は和風に変えられたり、それがまた、日常生活の些細《ささい》な事柄にまで及んだようなものです。かようにして統制政策が生まれたのであります。

人の心というものは、大まかに見れば、大体似寄ったもので、互いに相通ずるのでありますが、細かく見れば、それぞれの顔が異なっているように、皆おのおの別であります。そこで大体的の統制は、秩序規律を保つ上において必要ではありますが、そういう見境もなく、何でもかでも統制しようとするのは、行き過ぎとなるのであります。

しかるに洋服なら洋服と、個性も何も無視して一色にしようとするのが統制癖なのであります。かくて産業も教育も、宗教も多かれ少なかれ、かかる統制によって煩《わずら》わされたのみでなく、それが個々の生活にまで及んだのであります。女はモンペ、男はゲートルを巻かねば非国民のように言われたのです。当時はそれが平気で言われ、また当たり前に思われました。（中略）

さて、将来に来《きた》るべき問題を考えてみますに、何もかも自由になったから、何でも言ってよいかといえば、そうではありません。高橋君も言っていましたが、これからは新鮮なる時代感覚というものが必要で、教養を説くにも、この時代をよく認識して、説くということが必要なのであります。今日までの束縛は一切解放され、何らの拘束もなく闊歩《かっぽ》できるようになり、思想犯罪人であった者も、一挙に解放され、早くも堂々たる主義、主張を表明しているのであります。治安維持法の撤廃された今日、取り締まるべき何ものもなく、右の思想、左の思想等々が次々に勃興して、思想界の混乱時代が来るであろうことは、火を見るよりも明らかであります。

これらの思想に対し、私たちはいかなる態度をとるべきでありましょうか。自由になったことを喜ぶ前に、この事実を知って、態度を決めねばならんのであります。宗教団体法も近く撤廃されるでありましょう。そうしたら、いまままで宗団法によって設立されていた各教宗派教団は、その廃棄とともに、一応解散の形をとるのであります。しかし、法はなくなっても、その実体は依然として残っているのであります。すなわち天理教というものは、そのまま継続しているのであります。この辺のことは、いずれ政府の指示によって明らかになるでありましょうが、いままでのように、いちいち地方庁の認可を受けることはいらなくなり、本教の教規で処断すればよいことになると思います。

故にこれを悪く考えてみると、どんな教会も設立されるというように考えられるでありましょうが、自由になればなるほど、それだけ自らの責任が重くなるのでありまして、ここに教会も教師も、今日の態度ではいけないということが分かるのであります。さらに予想されることは、異端邪説が同じように結社して、肩を並べてくるということであります。いままで法の力で束縛されていたものが、解放されて青天白日となった今日、彼らが堂々とその態度を表明するであろうことは、当然予想されるところであります。

教義を曲解するにいたる理由は、野心や不平や、また現状に対する不満から起こる場合、またその他の場合も考えられますが、いずれにしてもまったく違った立場に立つということは事実であります。私たちならばそれに対し、一見してすぐ曲解であることが分かりますが、一般の人にはその見分けがつけがたいので、ここに指導する皆様の任務の重大さがあるのであります。

これを社会問題の面から見ましても、いまや食料飢饉《ききん》、戦災者の問題、復員者の問題等々が踵《きびす》を接して起きているのであります。この中にあるということは、大嵐の大海へ船を漕《こ》ぎ出すのと同様で、これを乗り切るには強い船でなければならないのです。のみならず、自らの目指すところを、誤りなく航海せねばならんのです。弱い小さな船で、あてもなくゆられていますと、思いがけないところへ船を着けねばならなくなるのであります。一つの目標を正しく定めて航海することが、一番肝心なのですが、それには正確な海図を必要とすることは言うまでもありません。

強い船とは、教内の一手一つの結束であります。一手一つほど強いものはないのでありまして、五本の指も拳固《げんこ》にすると強いのと同様であります。教会が一手一つになって、同方向に進むということが肝心であります。正しき不動の一点を見いだして航海するということは、変わることのない神一条の道を見定めてゆくことであります。正確な海図とは、正しき教義教説のことであります。故に神一条の心を定め、教義教説を確立し、一手一つの力で大嵐を乗り切るのが、航海する者の大事な三つの条件であると信じます。

神一条の道を見定めてゆけば、右顧左眄《うこさべん》の必要はないのであります。先に時代感覚が必要であると言いましたが、それは付和雷同するということではないのであります。あくまでも神一条に立脚する不動の信念を持って、時代を認識してゆくことであります。時代の認識を欠く者は、ちょうど大怒濤《だいどとう》の中を航海しながら、静かな海を航海するような心構えでゆくのと同じことであって、それでは危険であるのみならず、船は彼岸に達しないのであります。皆様は、それぞれの部署を受け持つ船頭であります。右左に煩わされることなく、しかも時代をよく認識し、強固な信念を持って神一条の道を邁進《まいしん》していただきたいのであります。

教義の確立には客観性が必要であります。都合のよいところを取って、教祖様の説とするのは邪説であります。めいめいの心によって、さとりの違うのは当然でありますが、これを誤りないようにしてゆくには、客観的の研究が必要なのであります。

従来、さとりは十分にできているが、客観的研究が足りなかったと思います。その場の感激でさとるだけでなく、なるほどという客観性を持つことが必要であります。そしてまた、教義は日々また新しく生き生きしたものでなければならないので、聞いたままを取りつぐのではレコードと同じようなものので、自らにも感激がなく、聞く人にも感激を与えないのは当然であります。

日々また新しく、生き生きした教義とは、表現や叙説の方法をいうのではありません。それは信心の深さをいうのであります。日々に真を求める彫心《ちょうしん》鏤骨《るこつ》の求道者にのみ、生成発展の教理がゆるされるのであります。

同じことを口で言っても、その人の修養人格如何《いかん》によって、受ける感銘も違うので、これは理屈では割り切れないことであります。問題はいかに求道心があるか、いかに信心が深まっているかにあるのであります。同じ教祖様のお心でも、十にとる人もあれば千にとる人もあるのは、信心に深い浅いがあるからでありまして、本部に参拝されても、一つしか土産を持って帰らぬ人もあれば、百も千も土産を持って帰る人もあるのであります。（中略）

一手一つは、統制のごとく外からの力で結束するのでなく、自らの力で結束することであります。統制の力がどんなに弱いものであったかは、今次戦争下の統制がよく証明しているところであります。燃え上がる信念で、一手一つ、神一条に立脚して、自由にその力を発揮していただきたいのでありす。神一条に立脚する一手一つこそ、道義日本建設の力強い礎《いしずえ》であることを、十分に御自覚願いたいのであります。

さらに留意すべきことは、「道大きく成る程、道改めにゃならん」（おさしづ明治三十三年十二月四日）と教えられたことであります。天下の道も大きくなれば、車馬、人の往来が繁《しげ》くなり、壊れがちであります。それに引きかえ、小さい山路《やまじ》は壊れることも少ないのであります。私たちの道も大きくなるにつれ、修理肥やしを忘れてはならないと思います。

今次敗戦の一原因が、自己独善であり過ぎたといわれていますが、本教も自己独善に陥り、そのために、天下の大道が、天下の悪路と化しては、百害あって一利なく、教祖様に申し訳ない次第であります。そういうことのないよう、自戒自重されて、道の修理に十分いそしんでいただきたいのでありま す。

いまや矛《ほこ》の戦いは終わりましたが、神様の御支配によって、新しい平和日本は、洋々たる希望をもって建設されんとしています。教家の責務は実に重大であります。私たちの道もまた、多事多端であります。その発足に当たりまして、今回の講習会を開かれましたことは、誠に意義深いものがあると思う次第であります。

（『みちのとも』昭和二十年十二月号「革新の経過と今後の動向」より）

内を浄めよ

岡島藤人

内に求めよ

純一なところで、自らの生命を育ててゆく営みほど、ゆかしい生活はない。他人の批評にのみ、心をうつしているようなことでは、いつまでも、落ちつきのある生活を味わうことはできない。信心の生活は、落ちつきのある生活でなければならない。

静かに自分をみつめると、浮いた世間を、浮いた心でさまようているような姿が見える。はずかしい気がする。もう少し、落ちつきのある生活をしたいものだと、しみじみ思わせられる。

◇

どこかによい所がなかろうか、住みよい天地がありはせぬかと、求め回っている人々がある。

こんな人々は、一生涯住みよい所を求め歩いても、ついに出合うことはないであろう。天国はあまりに高くて、飛行機も間に合うまい。西方の極楽浄土もあまりに遠くて、汽車や汽船の間にも合うまい。

己のうちに求むることなく、ただどこかよき所があれば、と、人生をさすらう者は、常に運命を頼みにしている者であって、運命を頼みにしている者ほど、救われ難《がた》い者はない。信心はいつも自らを開拓してゆくものでなくてはならぬ。

◇

完成された自由の世界などはどこにもない。

自由の世界は、常に自分の願いが表現され、創造され、建設される世界でなくてはならぬ。自由の世界は、草鞋《わらじ》ばきでさがして求め得らるべきではなくて、自分自身の内に燃ゆる信心によって建設すべきである。

内に燃ゆる願いのない者には、永久に自由の世界は与えられぬであろう。

むしろ一生牢獄《ろうごく》から牢獄への旅を続けねばならぬであろう。どうでもこうでも、なってもならいでも……という燃ゆる信念こそ、自分の世界を開拓するただ一つの道であろう。

二つの拝み方

先方の徳が非常に高くて、その徳の輝きが自分自身の上に迫ってきたというような時には、自然に頭が下がって、拝まずにはいられぬようになる。これが拝み方の一つ。

さらにもう一つの拝み方は、教えをだんだん深く悟らしていただくようになると、自分の無力、自分の正体というものがおいおい分かってきて、いままでつもっていた自分の「我」というものが打ち砕かれてしまう。その時には相手が誰であろうと、拝まずにはいられぬ気持ちになる。

前の拝み方は誰にでもあることであるが、後の拝み方は信心のある人でなくてはできぬ拝み方である。

後の拝み方には、先方の徳がどうのこうのと、そんなことにかかわることなく、いついかなる場合にも、拝まずにはいられぬのであるから、拝み方としては一番たしかなものであろう。

　相手に拝まされるのでなく、自分を掘り下げることによって、内から湧き上がってくる拝み方であるから、これが本当の拝み方であろう。

心の掃除

　ある布教者が病者にさんげの道を諭した。病者は苦しい病床からこう言った。私はいま神様の前にさんげする何ものもない。私は今日まで悪いと思うようなことは一度もした覚えがない。私自身にさえ覚えぬ埃《ほこり》を、どうしてあなたが知ることができるか。あなたは私の病気という弱味につけこんで、私を馬鹿にしているのだ。

　布教者も言うた。私はあなたを、馬鹿にしてどれほどの得があろう。どうか考え直してもらいたい。しかし、埃というものは、決して自ら意識して積むものではない。掃除をしてもしても、たまるものは埃である。埃をためようと思っている者は誰一人としてない。けれども埃はたまる。さんげということは、その心の埃を掃除することである。

試みにあなたの着物のたもとの中を裏がえしてご覧なさい。あなたは入れた覚えがなくとも、きっと埃がたまっている。

病者はソット掛け布団の下で、自分の着ている着物のたもとに手を入れてみた。そして固くかたまっている埃のあることに気がついて、私は悪いことを言うた……と、彼は心からさんげをした。

さんげは心の底にたまっている埃を掃除することである。さんげのない生活には必ず埃がたまっている。

内を浄めよ

考えれば考えるほど、そうだと思う。

お前の一番の敵は、お前の内にかくれている。

闘わねばならぬものは、お前の内以外には、どこにもいない。

お前の争わねばならぬ相手は、どこにもかくれてはいない。

痛みも、なやみも、

お前のうちに、かくれているものの仕業《しわざ》だ。
打ち破らねばならぬお前の敵は、
いま、お前の内に、ますます陣容をかためている。
あのどよめきが、耳には聞こえぬか。
ぐずぐずしておる時ではない。
うろうろうろついている時ではない。
今日にも、今にも、
打ち砕け。
お前の内に凝《かた》まっている、
お前の内に停《とど》まっている、
お前の敵を、
お前自身が、たたきつぶしたら
もう、痛みも、なやみも、どこかへ消えてしまう。
お前の心は水のように、淡々と流れる。
お前の仕事は新芽の萌《も》ゆるように、伸びてゆく。

お前の内を浄《きよ》めよ。

信ずる一念

信ずるということと頼るということは、まことに混同されやすい。私はあの人を信じてこれこれのことを頼んだが、すっかり裏切られてしまった。もうあの人を信ずることができない、などという言葉をよく聞く。相手に何か自分の望み通りのことをしてもらいたいと頼むようなことを、信ずることと思うのは大きな誤りである。

それは頼るということであり、利用するというものであって、そういう心持ちには裏切られるというようなことも起こってくるであろう。

◇

信ずるということには、断じて裏切られるということはない。それは先方に、こちらの望み通り動いてもらおうとするのではなくて、こちらが先方の意志の通りに動きたいと思うからである。自分の通り方や、勤め方に、もどかしさを感じても、相手に裏切られるなどということはあろうはずがない。

頼ろうとしたり、利用しようとしたり、何か自分のほうに求めるものがある時は、どうしても、かけひきや術策が起こってくる。どうしたら相手が動いてくれるだろうか、どう仕向けたら、こちらの思い通りになるだろうか、と考えている間は、憎んでみたり、失望したりすることがある。しかし、信ずるということには、そうした憎しみも、失望も、不平も起ころうはずがない。

◇

信ずるという働きのなかに、利用するというようなことが、いささかでもあってはならぬ。

◇

いつも陽気である。すがすがしている。

あの人を信ずるということは、その人の生き方が本当のものであるということを認め、自分もそういう生き方をしようとすることである。

（『素心凡語』昭和二十六年四月）

中川よし先生から頂戴したもの

柏木庫治

私は昔は天理教が好きでなかった。好きでなかったというより、嫌いであった。
その天理教の嫌いな人間が、天理教の布教師からにをいをかけられて、いやいやながらついていって、今度は自分が好きになり、東京に単独布教に出て、天理教は嫌いだという人に天理教をすすめ、すすめつつ嫌われもし、また好かれもしながら今日まで至ったのであるが、こういう道すがらの中で、ここだと感じた点や、それを私がどう実行していったかという点について少し申し上げたい。（中略）
私はうぬぼれが強いというか、おめでたいというか、大きな抱負を持っていた。

東京にえらい布教師がいる。何でも中川よしという女の人で、それが東本《とうほん》というすばらしい理のある教会をやっている、ということが、そのころの京《けい》城《じょう》（注、現ソウル）でひびき渡っていた。

なあに、女ぐらいがやるんなら、わしが東京へ行ったら、もっとやってみせる。

そう思って勢い込んで東京へ出た。

そのころの私は、天理教の話ほど結構なものはないと信じていた。だから、こんな結構な話だから誰でも聞いてくれるであろう。もし聞けんというやつがあれば、それは馬鹿だ。そんなことを考えていた。

ところが東京へ出てみたら、東京の人間は馬鹿ばかりであった。

こんなに広い東京で、

こんなにたくさん人間がいて、

一人も俺の話を聞き分ける人間がいない。

東京の人間はなんと馬鹿ばかりだろう。

実際なんでこれが分からんかなと、不思議なくらいであった。

そこでともかく、目標《めど》にしていた中川よし先生をお訪ねしようと思うたが、既に他界されていた。その伝記を読ましてもらった。そこで私が本性を出した。簡単にいえば、腰を抜かしたのである。

女の身であって、これほどの真実と苦労を自分がし、また人にもさせている。この真実の深さ、たしかさに、私は完全に頭を下げた。女史の歩みの尊さを仰ぎ見るのも恐れ入るほど、私の頭は下がった。

これは、想像をはるかに超えた、大した天理教だなあー。私はとてもじゃないが、この歩み方には寄りつきもできない。

そう思って、ぞーっとした。

しかし、いまさら弱気を出してみたところで京城へは戻れない。大きなほらを吹いて出てきたことであるし、店は皆番頭にやってしまったし、いやがる女房を無理矢理にひっぱってきて、いまさら帰るといえば男の顔が立たない。こんな顔ぐらいは立たなくてよいが、身が立たない。女房や子供をどうする。そこに私の苦悶《くもん》が始まった。

その結果、次のような心境に達したのである。

なるほど、中川よし先生はえらい。これはもう道の中の偉人だ。こんな人がいる天理教というのは何とすばらしいものではないか。こんな人が一万人ほどいたら、世界中は天理教になってしまうだろう。

しかし、よく考えてみたら、あんな人は万人に一人、いや百万人に一人という、またとない人である。ああいうふうになりたいと思ってもなり得ない、平凡な人間のほうが、はるかにはるかに多い。

柏木はその平凡な男である。

それでもやっぱり一応はよふぼくだ。よふぼくという点においては、あの人と柏木とは同じだ。

だから柏木は、なにもあんなにえらくならなくてもよい。こんな平凡な人間でもやってゆけるという、そういう生き方をしてみよう。

平凡人は平凡人の道を歩むべきだし、またそれしか歩めぬのだ。

しかし世の中には平凡人のほうが多いんだから、平凡人が道を通ることによって、多くの平凡な人がともにたすかってゆくはずだ。

そう考えた時、心がからりと晴れた。（中略）

俺は誰でも通れる道を通ろう。凡人は凡人として。

そういう心が決まった。しかし、かといって、中川先生と全然逆の道ばかりを歩もうと思ったわけではない。あの人にはとても及びもつかぬし、真似《まね》もできないが、一つくらいなら真似ができそうなことがあった。それは何かというと、

恩を忘れないこと

恩を報ずること

これである。

中川先生は、体が大きいせいもあって、晩年は人力車に乗っておたすけに行かれたものらしい。ところが、人力が隅田川《すみだがわ》のある場所にさしかかると、きまって車をとめて、下に降りてある場所を拝んだという。

先生が布教のかかりの時のある寒い日に、おばあさんが一人参拝に来た。ところが火鉢はあるが炭がない。この寒いのによく参拝しに来たそのおばあさんに、何とか報いてやりたいと心で思ったが、金はわずか一銭しかない。その一銭で炭を買って体を温めてやりたい、そう思って買いに出た。

大抵の人は、そんな小銭で分けてくれない。近くの炭屋では売ってもらえなかった。それで川を渡って目についた炭屋に頼んだら、ああ結構ですよ、といって、炭を一銭で売ってくれた。その炭で、おばあさんを温めることができた、と聞かされたことがある。

あの時その炭屋が売ってくれたおかげで、おばあさんの体を温めることができた。あの炭屋の恩は一生忘れない。そういう心から、先生は、晩年になっても、その近くを通りかかると、その家の方向に向かって頭を下げてお礼をいったという。

受けた恩義は小さい。その小さい恩義を忘れずに、永遠に報いていった心は大きい。

恩を受けても、それに報いるに、仇《あだ》をもってする人がある。これは犬畜生の行為であっても、人間ではない。

恩を知ってはじめて人間といえる。

恩を知っただけでなく、その恩を報ずるようになって、運命がぼつぼつ開ける。

小さな恩でも大きく感じ、大きく報いてゆく。こうなれば運命はさらに開けてゆく。

普通の人の感じない恩、知らない恩、つまり、親神様の大恩を知り、それに報いるようになった時は、これはもう人間の中の人間、神様の望まれる最高の人間である。

中川先生はその最高の人間であった。

この恩を知り、恩を報ずるということ、これは平凡人でもなし得ることである。これなら柏木でもできる。よし、これだけは一つ頂戴《ちょうだい》しようと思ったのである。

ついでに、もう一つ頂戴することにした。

これは京城で聞いた話であるが、高安《たかやす》大教会が普請する時のこと、中川先生が、材木を引き受けて送った。先生のことであるから、鉄道運賃も何もかもちゃんと支払《しはろ》うて送ったのであるが、しばらくたってから、高安から請求書が来た。

どんな請求書かというと、駅から材木をおろして、高安の現場まで持っていく運賃の請求書であった。同じ献納するなら、最後までその趣旨を通させてやりたいというのが、松村吉太郎先生の思いであったと思う。

その時に、中川先生はどう受け取ったか。

なるほど、こっちから向こうの駅までの運賃は先払いはしたけれども、駅から現場までの運賃までは気がつかなかった。これでは本当のおつくしになっていなかった。申し訳なかった。よくぞ、そこまでいってくださった。ありがたいなあ。

そういって喜んだ。

ところが私はどうであったか。

朝鮮時代、私は京城支教会（現、京城大教会）が二階家をつぎ足すという普請の時、材木屋であるから、材木を送ったことがあった。材木をこれだけあげるというて、気前よくポンと出したことがあった。しかしその時は、運賃も木挽《こびき》賃もということは考えたことがなかった。おつくしということを知らなかったとはいえ、運賃、木挽賃も教会のほうから払わして、それで当たり前だと思っていた。

中川先生はそうではなかった。

うーん、なるほどなあーと、そこで私は初めて完全なおつくしのあり方をさとった。それを教えてくださったのは中川先生である。

これが身にしみて、その後のおつくしをする時の覚悟の根本にこれを置いた。

恩を知り、恩に報いること、

おつくしは完全なおつくしをなすこと、

この二つを私は中川先生から頂戴することにし、それを実行することにした。それはいまでも実行しているつもりである。

（『よふきぐらし』昭和三十八年十二月）

人物解説——時代と信仰

（年齢はすべて数え）

〈岩井尊人《いわいたかひと》〉　現在の天理市に生まれ、東京帝国大学（現、東京大学）法学科卒業後、三井物産に入社。山澤爲信（のちに中山となる）らと親交があった。東京帝大在学中に『天理教祖の哲学』（大正四年）、三井物産入社後に『神一条』（大正七年）を出版している。ロンドンに七年間在勤し、余技として王立美術院会員となって絵を学び、帰国後は産業経済人として手腕を揮《ふる》った。その一方で、天理教教義の研究を重ね、精力的に著作を発表した。英語による天理教紹介書も手がけ、『The Outline Of TENRIKYO』（昭和七年）、『英語版みかぐらうた』（昭和八年）など、先駆的な試みをなした。

「教祖研究の態度」は、大正七年（一九一八）当時の教内の動きを取り上げ、〝教祖に帰る〟ことの真意を論じている。この年、日本国内では米騒動が頻発し、世界では第一次世界大戦が終わり、世界恐慌の嵐が天理教の教勢にも暗い影を落とさんとする気配があった。その時点において、教祖を自己自身を構成する契機として取り込め、と説いた。昭和十五年（一九四〇）、四十九歳で出直した。

〈梶本宗太郎《かじもとそうたろう》〉　明治十三年（一八八〇）生まれ。櫟本村《いちのもと》（現、天理市）の梶本松治郎・うのの長男。松治郎は初代真柱様の兄である。幼いころからお屋敷に出入りし、教祖に可愛《かわい》がられた。十二歳のとき父が出直し、二十歳の明治三十二年（一八九九）九月、「おさしづ」により一家はお屋敷へ引き移った。

宗太郎は本部青年として初代真柱様から厳しい仕込みを受けた。生来の悪筆のため、書き物をしては目から火が出るほど叱《しか》られ続けた。本部詰所で本を開いていると、「ここは本を読む所ではない、帰ってくる信者を満足さす所や」と言って仕込まれた。

「道の真柱」は、最も身近に仕えた人の言として貴重である。教祖のお使いになった湯呑《ゆの》み茶碗《ちゃわん》を初代真柱様が大切にされ、「これが道の宝や」と言われたことは他の人は知らぬことだろう。明治四十四年（一九一一）九月に本部員、同年十一月に東京教務支庁長となった。人は「たんのうの先生」と評した。教祖七十年祭の前年、昭和三十年（一九五五）に七十六歳で出直した。

〈清水由松《しみずよしまつ》〉　明治五年（一八七二）、新泉村《にいずみ》（現、天理市）の山澤清次郎（良治郎の弟）の四男として出生。七歳から伯父《おじ》良治郎に連れられて、教祖の許に通った。

十三歳ごろからは毎月の二十六日に従兄《いとこ》の山澤爲造に連れられてお屋敷に参拝し、明治二十九年（一八九六）に旭日《あさひ》支教会（当時）の青年となった。それから五年後に兵神《へいしん》大教会初代会長・清水與之助《よのすけ》の娘と結婚、清水家を嗣《つ》いだ。明治四十三年（一九一〇）、兵神大教会三代会長に就任。

この文は、大正八年（一九一九）に本部から宗教思想に関する諭達《ゆたつ》が公布されたその時期の講話から抜粋《ばっすい》したもの。氏は、若いころ飯降伊蔵本席のお守《も》り役として仕え、信仰の神髄を仕込まれた。昭和三十三年（一九五八）、八十七歳で出直すまで、本部の要職を歴任した。

〈中村新一郎《なかむらしんいちろう》〉 号は眞一路。道友社で大正五年（一九一六）から五年間勤めた。旧制天理中学校卒業後、すぐ道友社に入り、教史関係や先人の伝記、あるいは教会探訪記を書いた。熱烈な求道者としてその筆致は冴《さ》え、中川光之助（東本《とうほん》大教会初代会長・中川よしの次男）は新一郎の純粋な信仰と文章の冴えを評価している。「教祖の谷底生活を懐《おも》う」は、教祖四十年祭提唱（大正十年）の前年に書いたもの。退社後、東京に帰り、教会生活に入った。

〈増野《ますの》鼓雪《こせつ》〉　鼓雪は号で本名は道興《みちおき》。明治二十三年（一八九〇）、増野正兵衛の長男として生まれる。明治大学在学中に夏目漱石、上田敏より講義を受け、文学に情熱を燃やす。卒業後、本部に勤め、豊繁《とよしげ》宣教所長、道友社編集主任となり、「みちのとも」に健筆を揮《ふる》う。大正七年（一九一八）、本部員。翌八年、青年会講習会において神言講義を講述した。当時はまだ原典の公刊されていない時期で、原典からの引用による講話や文章は、教内の熱い期待と興奮を誘発した。大正九年、三十一歳で天理教校長に就任するや、別科生は急増し、教勢は飛躍的な伸展を見せるに至った。また、奈良教務支庁長時代には支庁舎の普請を果たし、敷島《しきしま》大教会長在任中に大教会神殿の増改築を行うなど、形の普請に相まった心のふしんの先頭に立った。

この一文は、天理教校長として別科生に対して熱弁を揮ったときのものの一つ。原題は「講壇より」。昭和三年（一九二八）、三十九歳の若さで出直した。『増野鼓雪全集』（全二十二巻・別冊一）は、氏の生涯における文筆活動を物語る。

〈増野《ますの》石次郎《いしじろう》〉　明治二十三年（一八九〇）、敷島《しきしま》大教会二代会長・山田伊八郎の次男として出生。早稲田大学哲学科を卒業後、増野道興の妹おともと結婚し増野分家をたてた。父の信仰を受け継ぎ、自分に厳しい道を通り、天理教校教頭、教義及史料集成部員を務め、昭和二年（一九二七）、満州布教管理所長、翌三年、満州伝道庁長となった。

「本席の天啓について」は、教祖四十年祭活動のさ中の論説であるが、神様から仕事を任せていただくには、なるほどの人にならねばならぬと説いた。昭和五年（一九三〇）、四十一歳の若さで出直した。

〈松村《まつむら》のぶ〉 高安《たかやす》大教会初代会長・松村吉太郎夫人。明治二十二年（一八八九）、大阪府萱振《かやふり》村（現、八尾市）の芦田《あしだ》家より嫁いできた。教会の住み込み役員の家族七十余人と苦楽を共にし、明治三十三年（一九〇〇）から天理教一派独立請願運動の中心的人物となった夫が、何度も暗礁に乗り上げ、また、さらに大正四年から五年の十カ月にわたって奈良監獄に収監されたときなど、妻として、教会長夫人として陰の働きに徹し、道の台の勤めを果たした。

「婦人の自覚」は、大正デモクラシーの華やかなころ話されたもので、婦人参政権の要求、女性に不利な封建的法律の改廃、母性保護制度の実現などが叫ばれた時代である。

なお、東本《とうほん》大教会初代会長が明治二十九年（一八九六）に東京に布教に出向く際、のぶは、「どんなことがあっても神様に凭《もた》れて通りなされや」と餞《はなむけ》の言葉をかけた。のぶは気丈な性格である一方、常に人を優しく抱きかかえる人であったという。昭和九年（一九三四）に出直すまで多くの人々を育て導いた。

〈板倉槌三郎《いたくらつちさぶろう》〉　安政七年（万延元年、一八六〇）、河内国恩智《おんじ》村（現、八尾市）に生まれた。十七歳のとき初めておぢばに参拝し、仲田儀三郎の話を傍聴するうち「心次第で病は救《たす》かる」との言葉に感動して入信した。以後、家族・親戚の反対のなか、家業の農業のかたわら布教をした。平野楢蔵（郡山《こおりやま》大教会初代会長）が大和郡山で布教を始め、最も苦労していたとき、同郷のよしみで応援に赴いたこともある。

明治二十四年（一八九一）、中河《ちゅうか》分教会（当時）の地方庁認可によって会長に就任、布教の第一線に立った。後年、本部の枢要な役を務め、殊《こと》に本部普請の責任者となって活躍した。昭和十二年（一九三七）、七十八歳で出直すまで、教祖の面影を知り直々の教えを受けた元老の一人として教団をリードした。

「若き人々のために」は、大正十二年（一九二三）、青年会に対して講話したもの。

青年に反省と奮起を促し、青年会はその後、青年会長であった中山正善二代真柱様のもと、大正十四年、天理外国語学校の設置を立案、実現した。

〈小野《おの》靖彦《やすひこ》〉 明治十五年（一八八二）、神道本局から天理教会本部に入った篠森《しのもり》乗人《のりんど》の次男として東京で生まれた。國學院大学卒業後、小野家を嗣《つ》ぎ、本部に引き寄せられ、道友社編集主任や本部の要職についた。

この一文は、教勢倍加が叫ばれた教祖四十年祭（大正十五年）の活動期の提言である。氏は、小野翠浪《すいろう》の号で、昭和の初めまで盛んに「みちのとも」に健筆を揮《ふる》った。昭和二十八年（一九五三）、本部員。昭和三十五年（一九六〇）、七十九歳で出直した。

〈山澤《やまざわ》爲次《ためつぐ》〉 管長職務摂行者を務めた山澤爲造とひさの次男。東京帝国大学社会学科卒業後、養徳院理事、天理外国語学校および天理教校の校長などを務め教育の実際に携わった。中山正善二代真柱様は従兄《いとこ》に当たる年上の爲次を「理想家のような実際家で、良心に省みて疚《やま》しくないことを口にし、実行した」と評され、兄の中山爲信は「真剣な求道態度、真摯《しんし》な研究態度には心打たれた」と語っている。

氏は教理研究へと進み、教義及史料集成部で史実校訂本の作成と復元教典（現在の天理教教典）の骨子づくり、並びに教祖伝の編纂《へんさん》を終生の仕事として、それに心血を注いだ。

「教理と時代の推移」は若い時代のものであるが、情熱が文中に溢《あふ》れて力強い。昭和二十五年（一九五〇）、五十二歳で出直した。

〈諸井慶五郎《もろいけいごろう》〉　明治二十一年（一八八八）、諸田新左衞門の次男として静岡県に生まれた。山名《やまな》大教会初代会長・諸井國三郎に人物を見込まれ、明治四十年（一九〇七）、諸井家に入籍。四年後に國三郎の娘ろくと結婚し、戸主となった。東京帝国大学卒業後、本部に勤め、大正十二年（一九二三）、山名大教会三代会長に就任した。

「神様に抱かれて」は、親に凭《もた》れ切ることを説いたもので、教祖四十年祭の年の教話である。氏は、天理女学校教頭や天理中学校長を務め、昭和二十三年（一九四八）、教務総長（現、表統領）に選ばれ教団の重責を担った。昭和五十一年（一九七六）、八十九歳で出直すまで、教団の中枢にあって布教伝道態勢の要《かなめ》の役を務めた。

〈深谷徳郎《ふかやとくろう》〉 河原町《かわらまち》大教会初代会長・深谷源次郎の直系の孫に当たる。京都帝国大学（現、京都大学）を卒業。父徳次郎が四十歳で出直したとき、徳郎は成人に達していなかったので、祖父源次郎が再び会長に就任した。徳郎は大正九年（一九二〇）、四代会長に就任し、大正十四年、天理高等女学校長、昭和七年（一九三二）から三年間ほど海外へ出て伝道庁長を務め、帰国後、天理図書館長、天理教校長を歴任。昭和十四年から十五年十一月まで教務部長を務めた。

折しも日中戦争のころで、軍部から教理の一部削除を強制されたため、教務部長としていかに教祖の教えを伸展させるかに苦心した。昭和十四年（一九三九）十二月一日、教務部長名で告示第一号を出し、おふでさきの引用について、おふでさきの釈義書を本部から刊行するまで待つよう指示した。原典に対する氏の厳しい態度が偲《しの》ばれる。「教理書を心読せよ」は、教理書の中に流れている生命と力とを自己の中に取り入れよと強調した主張である。

〈宮森與三郎《みやもりよさぶろう》〉 幼名を岡田與之助《よのすけ》といい、檜垣《ひがい》村（現、天理市）で岡田善九郎の三男として生まれた。隣家の松田という油屋（心実組講元・前川喜三郎の妻たけの実家）より教祖の話を聞き、明治十年（一八七七）、左腕が痛む身上からお屋敷へ詣《まい》った。お屋敷へ来ると痛みが止まるので、毎朝弁当持ちで四キロほどの道のりを通い、教祖直々の仕込みを受けた。

明治十三年（一八八〇）、秀司様が金剛山地福寺へ転輪王講社結成の手続きに行くとき、お伴《とも》を志願する者がいないなか、與三郎一人が名乗り出てお伴をしたことはよく知られている。

氏は、翌十四年から三年間、京都府梅谷《うめたに》村（現、木津川市）へ布教に出て永神組（のちの梅谷大教会）を結び、また、その翌十五年には檜垣村の鴻田忠三郎一家を信仰に導いた。のちに本部員となり、枢要な役目に精魂を傾けて務め、昭和十一年（一九三六）、八十歳まで教祖ひとすじの真実の信仰を貫いた。

〈村《むら》田《た》慶《けい》蔵《ぞう》〉　明治二十年（一八八七）、桝井伊三郎の三男として生まれ、のちに村田長平の養子となった。本部に勤め、本部員となる。大正五年（一九一六）より満州布教管理所長となり、満州（中国東北部）布教に努めた。昭和二年（一九二七）には北大教会四代会長となった。

ここでは、両年祭（教祖五十年祭、立教百年祭）の打ち出し（昭和五年）直後の道の歩みについて、「つとめ」の本義を疎《おろそ》かにし人間のつとめを第一としがちな風潮を反省する論調の言葉を述べている。昭和十四年（一九三九）、五十三歳で出直すまで、おぢば一条に勤めた。

〈永尾芳枝《ながおよしえ》（よしゑ）〉　慶応二年（一八六六）、櫟本村《いちのもと》に住む飯降伊蔵とさとの長女として出生。両親は家事もほどほどに、約四キロの道を日に何度もお屋敷へ通うので、七歳のときから幼い弟妹の守《も》りをしながらご飯たきを覚えたという。明治十年（一八七七）、右手人差し指を患い、教祖より鳴物の三味線を習うようご指名を頂いた。明治十五年（一八八二）、父がお屋敷へ入り込んだので共に入り込み、教祖の膝許《ひざもと》でお仕込みを受けた。明治十四、五年ごろは警察の干渉の最も厳しい時で、当時参拝に来た人を警官が調べに来る直前に隠すことに気を遣ったと語る。明治二十年（一八八七）、二十二歳で園原《そのはら》村の上田楢治郎《ならじろう》と結婚し、永尾家をたてた。三女を与わったが、楢治郎が明治三十二年（一八九九）に出直し、自らの悲痛な体験から、その後、年若くして夫を亡《な》くした戦死者遺族や福祉方面に心を配り、各方面から慈母のごとく敬慕された。「うそとついしょう大嫌い」という教えを実践し、生涯、鳴物の芯、つとめ人衆の一人として勤め、昭和十一年（一九三六）、七十一歳で出直した。

〈中川《なかがわ》庫吉《くらきち》〉　明治二十一年（一八八八）、京都府赤熊村《あかくま》（現、亀岡市）の中川弥吉・よしの長男として出生。南大教会初代会長・松永好松《よしまつ》より教祖の話を聞いたよしが感銘して入信、明治二十五年から布教し丹陽《たんよう》出張所を設置した。明治二十九年（一八九六）、庫吉と妹の春子は知り合いに預けられ、弥吉とよしは次男光之助を背負って東京布教に赴いた。折しも郷里の母宇能《うの》の病が重いとの報せで一旦帰郷。翌年、再びよしは上京し、弥吉は関西・九州方面へ布教に出た。その翌年、よしは東京本所《ほんじょ》区外手《そとで》町（現、墨田区）に東本《とうほん》布教所を設置した。

庫吉は東京へ呼び寄せられ、母のよしから徹底した仕込みを受けた。「幾重の道を通り来て」は、月島布教のなまなましい体験を述べた貴重な記録文でもある。大正十一年（一九二二）、よしは五十四歳で出直したので、庫吉が二代会長に就任。初代の遺志と白熱的信仰を受け継ぎ、東本の道をさらに大きく築き上げた。昭和三十四年（一九五九）、七十二歳で出直した。

〈桝井孝四郎《ますいこうしろう》〉明治二十七年（一八九四）、伊豆七条村《いずしちじょう》（現、大和郡山市）の桝井伊三郎の四男として生まれた。父の信仰と深い教理理解の素質をうけ、早稲田大学在学中から『三才』誌に投稿、おさしづ研究による論文を発表していた。

昭和十一年（一九三六）、本部員となり、各地の教務支庁長を歴任。また、本部常詰、道友社長、お運び掛《がかり》などを務めた。「おさしづに現れたる『お屋敷の理』」は、お屋敷についてのおさしづや口伝を集めて解説したものである。「中山五番屋敷」とあるが、これは元の中山家の屋敷の地番で、現在、かんろだいの据えられている所の地番である。なお、中山家の西に一軒置いて足達源四郎の家があったが、そこは庄屋敷三番屋敷であった。

氏は、本部から公刊された第一回のおさしづの編纂《へんさん》に携わり、その後もおさしづ研究に没頭して『おさしづ語り艸《ぐさ》』『おさしづの手引』などを著した。号は香志朗。昭和四十三年（一九六八）、七十五歳で出直すまで、第一線で活躍した。

〈山澤爲造《やまざわためぞう》〉新泉《にいずみ》村で山澤良治郎の次男として出生。元治元年（一八六四）、一家が入信したので、親に連れられお屋敷へよく通った。明治十一年（一八七八）、脚気《かっけ》を患い、堺県師範学校より帰郷し、翌十二年、父の身上（コレラのような症状）

から学校を断念、道一条となった。教祖が現身《うつしみ》をかくされたのちの明治二十年（一八八七）四月、初代真柱様の姉に当たる梶本ひさと結婚。大正三年（一九一四）末に初代真柱様が出直されたが、翌年一月、二代真柱様が若年（十一歳）であったため、管長職務摂行者を務めた。

ここには、初代真柱様の二十年祭を迎えるに当たっての感慨が述べられている。命がけのお願いづとめなど、なまなましく伝わる内容である。氏は、教祖三十年祭（大正五年）および四十年祭の提唱（大正十年）、おやさとふしんなどに当たり、天理教の飛躍的発展に尽くし、昭和十一年（一九三六）、八十歳で出直すまで元老的立場で活躍した。

〈鴻田利吉《こうだりきち》〉　明治三年（一八七〇）、鴻田忠三郎とさき子の次男として檜垣《ひがい》村に生まれた。十三歳のとき鴻田家が入信。その後、一家は道一条となり、明治十六年（一八八三）に山澤良治郎が出直したのち、父忠三郎はお屋敷の会計・後見役を務めることになった。

二十六歳のとき、本部青年の諸井政一らと大分県に単独布教に出た。翌年（明治二十九年）、佐賀関《さがのせき》に集談所を開設したが本部より呼び返された。

ここに収録したのは、昭和十年（一九三五）八月の本部月次祭神殿講話の抜粋。教祖五十年祭まであと半年足らずのときのもので、教祖を慕う心情がにじみ出ている。昭和二十年（一九四五）、七十六歳で出直す。

〈島村國治郎《しまむらくにじろう》〉 明治十九年（一八八六）、櫟本《いちのもと》村の梶本松治郎の次男として出生。明治四十三年（一九一〇）、島村菊太郎（高知《こうち》大教会初代会長）の身上の悪化に高知大教会の将来を憂えられた初代真柱様は、甥《おい》に当たる國治郎を布教中の東京から呼び戻し、島村家の養嗣子とした。翌年、菊太郎が出直したので、國治郎が二代会長に就任。しかし、一時教勢が振るわず、國治郎は脳神経衰弱を患った。初代真柱様は、「部下の教師も皆苦労している。わしも十六歳から千遍くらい泣く思いをしてきた。お前も千遍泣け」と諭した。それより國治郎は懸命にぢばへ尽くし運びをして、難局を見事に乗り切った。

大正十四年（一九二五）、北海道教務支庁長に就任。昭和五年（一九三〇）、教祖五十年祭・立教百年祭が打ち出され、いわゆる昭和普請の発表があったが、國治郎は献木を願い出て、それに心を注いだ。昭和三十五年（一九六〇）、七十五歳で出直す。

〈松村吉太郎《まつむらきちたろう》〉 高安《たかやす》大教会初代会長、本部員。松村家は明治二年（一八六九）、小東家を通して中山家と縁続きとなり、同四年、吉太郎の母さくの身上より入信した。氏自身は明治十九年（一八八六）、肋膜《ろくまく》を病んだときたすけられて入信した。のち、本部に引き寄せられ、東京における教会本部の設置に初代真柱様の許で奔走。一方、生地の大阪・教興寺村《きょうこうじ》（現、八尾市）に高安分教会（当時）を設置した。さらに、天理教一派独立請願運動に十年間、一身を抛《なげう》ってその衝に当たり、成し遂げた。教祖四十年祭（大正十五年）には倍加運動を提唱し、天理教の飛躍的伸展を実現した。

ここには、ぢば団参こそ立教百年祭を目前にした最後の活動であると団参を提起した一文を収めた。氏は最長老として昭和二十七年（一九五二）、八十六歳で出直すまで、常に全教布教活動の先頭に立ち、推進役となって活躍した。

〈松井忠義《まついただよし》〉 明治三十三年（一九〇〇）、奈良県木原村《きはら》（現、橿原市）生まれ。父、松井忠作（明城大教会初代会長）は、一代で布教所から大教会を興しながら、その大教会長の栄位を捨て、大勢の布教師を率いて荒道《あらみち》布教に出た。菓子の製造という事業を興し、昼はその製造・営業に全力を尽くし、夜は深更まで布教するという、超人的な集団布教を敢《あ》えて行った人である。

忠義は父のこうした面を精神的に受け継いで、さらに深い思索に根ざしながらも、野性的な強さと、逞《たくま》しい活動を具《そな》えていた。これは、忠義の天理教布教部長時代、幾多の困難を押し切って実現した、教内では前人未到の企画、「よふきぐらし展」に見ても、明らかなことである。

「教育の根本精神」は、『みちのとも』昭和十三年一月号に掲載されたが、その時代、現在論議される日本の教育問題について、鋭い洞察をもって、遠大な方向づけを示唆する貴重な一家言として、現代においても生命を持ち、傾聴に値するものである。昭和六十一年（一九八六）、八十七歳で出直す。

〈丸《まる》山《やま》時《とき》次《じ》〉 明治三十六年（一九〇三）、長野県に生まれ、中央大学夜間部に学ぶ。肋骨《ろっこつ》カリエスになったとき妹が手紙でおぢば帰りを勧めた。別科に入り修了後、長野県塩尻《しおじり》にある桔梗ケ原《ききょうがはら》分教会に住み込み、ひのきしんとおたすけに努める間に身上のご守護を頂いた。昭和五年（一九三〇）、上京し単独布教を始め、同九年、東京向島《むこうじま》に理實《りのみ》宣教所を開設、同十二年、小石川《こいしかわ》に移り布教した。

氏は柏原源次郎（名東《みょうどう》大教会二代会長）の影響を受け、「真の楽しみは天から与えられる。いつでも人をたすけられる真実だけをもつことだ」と自戒して通った。『今日一日』や『素貧の書』を著す。昭和三十一年（一九五六）、栃木県の更立《こうりつ》分教会で講演の途中、倒れ、同教会で息を引き取った。五十四歳だった。

〈関《せき》粂治《くめじ》〉明治十八年（一八八五）、新潟県に大工棟梁関友太郎の四男として出生。母の出直し後、青雲の志を抱いて上京し、出版業〝上田屋〟に勤め、店主出直し後は責任者となる。だが、新刊書の発売禁止処分をうけ倒産。胸を病んだ妻てつが、母さだの導きで東本《とうほん》分教会（当時）に住み込んでいたので、粂治も訪ね、中川よし（東本大教会初代会長）に会う。「魂の徳が切れているから世界では金儲《もう》けはできぬ」と諭され、住み込みとなる。

大正四年（一九一五）、団参で初めておぢばに帰る。別席五席を運び東京へ帰ろうと駅へ出ると、中川よしは大阪の本阪《ほんさか》集談所へ行けと言い渡した。大正九年（一九二〇）、神戸へ移り布教。本陽《ほんよう》分教会は二年後、二十三カ所の兄弟教会とともに設立を許された。教会の設置は、その年出直した中川よし会長の一命と置きかえられたものだと悟り、報恩の志に燃えて布教した。講演に文筆にと活動分野は広く、また、山口教区長、兵庫教区長も務めた。一代で三十四カ所の教会設置を果たし、昭和三十二年（一九五七）、七十三歳で出直した。『借物十講』は布教者の奮起を促した名著の一つといえる。

〈柏原源次郎《かしはらげんじろう》〉　徳島県に生まれる。明治二十三年（一八九〇）、大病を患い、実兄天満《てんま》益右衛門の導きにより入信。同二十八年、愛媛県岩松町（現、宇和島市）へ布教に出て一カ月間で三十五戸の信者が生まれた。布教に出たのは、漢文の心得があり、月次祭に論語を用いて説教したため、土佐卯之助（撫養《むや》大教会初代会長）より、「先人の拓《ひら》いた説教は役に立たぬ、自ら道を拓け」と仕込まれたからである。同年、柏原友吉の入婿となる。九州・唐津《からつ》へ布教に出て一年四カ月の間に信者二百戸ができた。明治三十三年（一九〇〇）、名東《みょうどう》支教会長に就任。

氏は毎年二回、必ず部内教会を巡教し、修理第一主義を実行した。禁酒、禁煙、日の丸弁当持参、旅にはモンペをはき、贅沢《ぜいたく》なところは何一つなかった。奇跡台帳を携え、不思議なたすけがあがると自身で書きとめ、それが増えてゆくのを楽しみとした。昭和十四年（一九三九）、本部員。昭和三十二年（一九五七）、八十三歳で出直すまで先頭を切って布教の第一線に立ち、「おたすけの先生」の名をほしいままにした。

〈中山《なかやま》為信《ためのぶ》〉　明治二十五年（一八九二）、山澤為造とひさの長男として生まれた。大正六年（一九一七）、東京帝国大学宗教学科卒業後、本部に入り、大正九年（一九二〇）、天理中学校長。二代真柱様の姉中山玉千代と結婚し、中山分家をたてる。本部の枢要な役職に就き、二代真柱様に仕え、本部の教団組織・布教体制づくりに貢献した。

この文は、昭和二十年（一九四五）、第二次世界大戦終結の年の十月、いわゆる復元講習会における講話の筆録である。戦時下、総務部長として、当時の軍部や政府と交渉し、敢然と天理教信仰の本旨を貫く努力を重ねた。教祖六十年祭を翌年に控え、復元の第一歩を踏み出したときの講話として貴重である。

昭和二十七年（一九五二）、教規が改定され、内統領、表統領の職制が定まり、第一代の内統領に任命された。氏は多忙の中で日本画を描き、求められれば短冊や色紙に画を描き一句をしたためた。昭和三十六年（一九六一）、七十歳で出直した。

〈岡島《おかじま》藤人《とうじん》〉　明治二十七年（一八九四）生まれ。本名は善次。

本篇は、岡島藤人の幾多の著書のうち、代表作ともいえる『素心凡語』から採録した。この書を、著者の藤人は自ら装幀《そうてい》し、見返しに、つるし柿を描いて「嘗《な》めて味なきも、嚙《か》みしめると風味はつきず、人の一生を思はせる」と賛しているが、自身の生涯を自ら暗示し、そうありたいと願ったのであろう。

藤人は、道友社長、天理時報社長、養徳社長、よろづ相談所長等の役職につきながら、華々しい活躍型ではなく、むしろ内省型、思索型の人であったが、藤人の周囲には、教会系統を問わず、教宗派を超えた人が集うていた。一時、教会・教派を超越した思想・信仰団体の「素人社《そじんしゃ》」を組織したが、教内の誤解を招いたようである（『素心凡語』の序文参照）。しかも、その中を、現世的な栄誉、栄利を追わず、純粋な信仰を求めて毅然《きぜん》と進む強い一面を持っていた。晩年はほとんど病床にありながら、著作を重ね、多数の人々から、厚い敬愛を受けていた。昭和三十六年（一九六一）、六十八歳で出直す。

〈柏木庫治《かしわぎくらじ》〉　明治二十一年（一八八八）、大分県に生まれ、韓国の京城《けいじょう》（現、ソウル）に渡り材木商を営む。しかし、幼児二人が出直し、一人は流産、四人目の子供が命日夕《めいたんせき》に迫る身上となり、妻明子《よしこ》も身体を痛めた。このとき婦人布教師からいんねん切り替えの話を聞いた。初めはお道の話は嫌いであったが、そのうち完全に惚《ほ》れ込んだ。大正十二年（一九二三）、一家を挙げて東京に行き、二児を抱え茨（いばら）の道を通って布教。集談所開設ののち、昭和三年（一九二八）に東中央宣（ひがしちゅうおう）教所となった。
　氏は無欲恬淡《ていたん》、明朗で無類の自慢居士《こじ》であった。ただ人は氏を評し、大ぼら吹きとも言ったが、大いなる夢を着々と実現する人であった。大山元帥《げんすい》の屋敷跡にいずれ東中央は移転すると公言し、現在、その夢の屋敷三千坪に大教会神殿が建っている。親神の恵みに対し、底抜けの感謝と誇りをもち、稚気《ちき》で常に相手を喜ばせる話術があった。昭和三十八年（一九六三）、本部員。布教部長や神殿おたすけ掛を歴任した。昭和五十二年（一九七七）、九十歳で出直した。著作多数。

編述＝金子圭助（天理大学助教授）
太田有功《いさお》（天理教明三十六分教会長）

あとがき

一九八七年は、教祖が親神様の思召《おぼしめし》のままに「月日のやしろ」に定まられ、世界一れつたすけを宣言された天保九年（一八三八）陰暦十月二十六日より数えて百五十年目を迎える。立教百五十年の年である。

時代は移り、人は変わっても、信仰の源泉は常にこの立教の一日に帰一する。天理教の諸活動は、すべてこの一点の思いに元を発している。

教祖の五十年の「ひながた」の道ののち、教祖が現身《うつしみ》をかくされた明治二十年（一八八七）以降は、元一日に指針を求め、教祖存命の理にもたれ「ひながた」を慕ってきた。この百年は、さまざまな葛藤や障害をのりこえつつも、一途《いちず》に陽気ぐらし世界の実現を志向してきた歩みに他ならない。

この間の道程には、教えそのものを表に出せぬ圧迫干渉の厳しい時代があった。已《や》むなく制約に応じなければならない時代があった。その中を先人たちは、ひたすら教えを守り、伝え、未《いま》だ救われぬ人々の中へ飛び込んでいった。現在は、何ら妨げるもののない、教えを堂々と説ける時代にある。

本書は、九十余年の歴史ある『みちのとも』をあらためて繙《ひもと》き、そこに掲載された先人たちの教話・教説を中心に、今も生命の息づく二十八篇を選び収録したものである。もちろん、これがすべてではない。教理的な面や時代的表現を考慮し、収録を断念した文章も数多くあることをお断りしておきたい。

教話のいくつかは、大正・昭和の幾多の制約のあった時代に、いかに教祖の教えを説くかに苦心された先人たちの生《なま》の言葉である。何ものにも怯《おじ》けず煩《わずら》わされず、語り継いできた信仰が、自ら鍛えた信念が、言葉の端々に表れていることを見逃すことはできない。ともあれ、これらの力に満ちた一篇一篇は、読者の精神を鼓舞して已まないであろうと信ずる。

教祖百年祭を勤修《ごんしゅう》し、さらに立教百五十年の節目を迎え、教えはなおも世界へ向かって広められてゆかねばならない。あたかも〝立教の本義に帰る〟と提唱されている今日、本書がその一助となり、エネルギーとなれば、これに過ぎる喜びはない。

最後に、本書の編集に際して、多大なご尽力を頂いた金子圭助氏、太田有功氏に衷心よりお礼を申し上げる。

立教百五十年一月

編　者

DOYUSHA BUNKO
道友社文庫

教話録 信仰《しんこう》の炎《ほのお》

大正・昭和を生きた28人の先人の証言

立教179年(2016年)10月26日　初版第1刷発行

編　者　天理教道友社

発行所　天理教道友社
〒632-8686　奈良県天理市三島町1番地1
電話　0743(62)5388
振替　00900-7-10367

TENRIKYO DOYUSHA

印刷所　株式会社天理時報社
〒632-0083　奈良県天理市稲葉町80

ISBN978-4-8073-0604-6
定価はカバーに表示